Konzernrechnung

Lösungen

Urs Prochinig
Andreas Winiger
Hansueli von Gunten

Konzernrechnung

Lösungen

VERLAG:SKV

Dr. Urs Prochinig	ist MBA (Master of Business Administration) und MASSHE (Master of Advanced Studies in Secondary and Higher Education). Er betreut Mandate als Unternehmensberater, arbeitet als Dozent in der Erwachsenenbildung und engagiert sich als Aufgabenautor und als Mitglied verschiedener eidgenössischer Prüfungsgremien. Er ist durch zahlreiche auf Deutsch und Französisch erschienene Fachbücher bekannt.
Andreas Winiger	war mehrere Jahre Finanzchef eines internationalen Konzerns und Unternehmensberater in verschiedenen Wirtschaftszweigen. Heute arbeitet er als Dozent für Rechnungswesen und leitet die Ausbildung für Fachleute im Finanz- und Rechnungswesen an der KV Zürich Business School. Er ist Aufgabenautor und Mitglied mehrerer eidgenössischer Prüfungsgremien.
Hansueli von Gunten	ist lic. rer. pol. und mag. rer. pol. sowie Inhaber des Certificate in International Accounting. Er arbeitet als Geschäftsleiter der Controller Akademie in Zürich und Bern sowie als Bildungsgangsleiter für Fachleute im Finanz- und Rechnungswesen an der WKS KV Bern. Er ist Dozent für Rechnungswesen, Autor von Prüfungsaufgaben und Mitglied verschiedener eidgenössischer Prüfungsgremien.

3. Auflage 2011

ISBN 978-3-286-33933-0

© Verlag SKV Zürich
www.verlagskv.ch

Alle Rechte vorbehalten.
Ohne Genehmigung des Verlages ist es nicht gestattet, das Buch oder Teile daraus in irgendeiner Form zu reproduzieren.

Lektorat: Christian Elber
Gestaltung: Peter Heim
Umschlag: Brandl & Schärer AG

Klimaneutral gedruckt auf FSC-Papier.

Vorwort

Konzerne stellen heute die wichtigste Organisationsform für wirtschaftliche Aktivitäten von mittleren und grossen Unternehmungen auf nationaler und internationaler Ebene dar. Nur die Konzernrechnung vermag einen zuverlässigen Einblick in die Vermögens-, Ertrags- und Finanzlage eines Konzerns zu vermitteln.

Dieses Lehrbuch zeigt auf der Basis von IFRS und Swiss GAAP FER, **wie Konzernabschlüsse erstellt und interpretiert werden.** Es setzt gute Kenntnisse im Rechnungswesen voraus und richtet sich an:

▷ Studierende an Universitäten und Fachhochschulen.
▷ Kandidatinnen und Kandidaten von höheren eidgenössischen Prüfungen wie Wirtschaftsprüfer, Expertinnen in Rechnungslegung und Controlling, Treuhandexperten, Steuerexpertinnen oder Fachleute im Finanz- und Rechnungswesen.
▷ Praktikerinnen und Praktiker aus Wirtschaft und Verwaltung.

Das Lehrbuch ist wie folgt aufgebaut:

▷ Der **Theorieteil** vermittelt das Grundwissen zur Konzernrechnung auf anschauliche, übersichtliche Weise.
▷ Der **Aufgabenteil** enthält vielfältige und abwechslungsreiche Übungen zur Vertiefung des Stoffs anhand von Beispielen.
▷ Der separate **Lösungsband** dient der Lernkontrolle (Feedback) und macht dieses Lehrmittel auch für das Selbststudium attraktiv.

Wir danken allen, die mit Rat und Tat bei der Entwicklung dieses Lehrmittels mitgeholfen haben. Fachliche Unterstützung gewährte uns vor allem **Peter Bertschinger,** lic. oec. HSG, dipl. Wirtschaftsprüfer und CPA (Certified Public Accountant). Viele Ratschläge erhielten wir von Partnern der KPMG, besonders von Philipp Hallauer, lic. oec. HSG, dipl. Wirtschaftsprüfer und CPA, Verwaltungsratspräsident, sowie Andrea Zanetti, dipl. Wirtschaftsprüfer und CPA, Leiter Abteilung Konsolidierungssoftware. Einen ganz besonderen Dank aussprechen möchten wir Peter Heim für die herausragende grafische Gestaltung sowie Theres Schwaiger und Christian Elber für das umsichtige Lektorat.

Aufbauende Kritik nehmen wir sehr gerne entgegen.

Zürich, Juni 2005   Die Autoren

Vorwort zur 3. Auflage

Da die zweite Auflage bei der Leserschaft eine sehr gute Aufnahme fand und sich die Rechnungslegungsstandards bezüglich Konzernrechnung seither nicht wesentlich verändert haben, wurden die Anpassungen in der 3. Auflage auf ein Minimum beschränkt.

Die wichtigsten Änderungen im Einzelnen sind:

Kapitel 15 Quotenkonsolidierung	Da die Quotenkonsolidierung zunehmend an Bedeutung verliert, wurden die Aufgaben 15.02 und 15.03 entfernt.
Kapitel 16 Equity-Methode	Der Theorieteil wurde gestrafft. Die Zwischengewinnelimination wird nur noch als Exkurs behandelt. Die Aufgaben 16.03 und 16.04 sind neu. Von den bisherigen Aufgaben wurden 16.03, 16.06 und 16.07 entfernt, die übrigen in der Reihenfolge umgestellt.
Kapitel 19 Gesamtaufgaben	Zusätzliche Aufgaben unterstützen das gründliche Üben. Neu sind die Aufgaben 19.07, 19.12, 19.14 und 19.15. Die bisherigen Aufgaben wurden teilweise umnummeriert.
Kapitel 21 Ertragssteuern	21.04 und 21.05 sind zusätzliche Aufgaben.

Für die Leserschaft wird auf der Homepage des Verlags unter **www.verlagskv.ch** → **Downloads** eine periodisch nachgeführte Korrigenda veröffentlicht, die auf allfällige Änderungen von Vorschriften sowie Druckfehler hinweist.

September 2011   Die Autoren

Inhaltsverzeichnis

1. Teil	**Grundlagen**	**9**
10	Einleitung	10
11	Erstkonsolidierung	13
	a) Kapitalkonsolidierung	13
	b) Schulden- und Umsatzkonsolidierung	19
	c) Elimination von Zwischengewinnen	22
	d) Konzerninterne Gewinnausschüttungen	29
12	Folgekonsolidierung	31
	a) Kapitalkonsolidierung	31
	b) Elimination von Zwischengewinnen	35
	c) Konzerninterne Gewinnausschüttungen	42
	d) Goodwill	43
13	Handelsbilanz 1 und 2	53
14	Minderheitsanteile	70
15	Quotenkonsolidierung	83
16	Equity-Methode	86
17	Eigenkapitalnachweis	97
18	Anhang	99
19	Gesamtaufgaben	106
2. Teil	**Vertiefung**	**141**
20	Geldflussrechnung	143
21	Ertragssteuern	150
22	Währungsumrechnung	163
23	Mehrstufige Konsolidierung	172
24	Veränderungen von Beteiligungsquoten	181
25	Push-down Accounting	186
26	Full Goodwill Accounting	188
27	Gesamtaufgaben	190

Lösungen

1. Teil
Grundlagen

10

Einleitung

10.01

a) Die Elektro Holding AG beherrscht alle anderen Gesellschaften durch Stimmenmehrheit. Der Elektro-Konzern besteht demzufolge aus allen fünf Unternehmen.

Hinweis zur Kraftwerk AG: Da die Elektro Holding AG die Elektro Schweiz AG durch die Stimmenmehrheit von 80% vollständig beherrscht, verfügt sie an der Generalversammlung der Kraftwerk AG über sämtliche Stimmen der Elektro Schweiz AG, d.h. 60% der Stimmen.

b) Die Elektro Schweiz AG ist eine Tochter der Elektro Holding AG und die Mutter der Stromhandel AG sowie der Kraftwerk AG. Die Elektro Schweiz AG ist damit die Holding eines Subkonzerns (auch Subholding genannt).

c) Er kauft Aktien der Elektro Holding AG.

d) Die Einzelabschlüsse der vier schweizerischen Gesellschaften erfolgen auf der Grundlage des Obligationenrechts sowie der eidgenössischen und kantonalen Steuergesetze. Diese Einzelabschlüsse sind massgeblich für die Besteuerung sowie die Gewinnausschüttungen jeder einzelnen Konzerngesellschaft. (Für die Electro France SA gelten die französischen Rechtsgrundlagen sinngemäss.)

e) Da die Aktien der Elektro Holding AG an der SWX (Swiss Exchange, Schweizer Börse) kotiert sind, ist der Konzernabschluss nach IFRS oder US GAAP zu erstellen.

f) Es sind hauptsächlich zwei Gründe, warum der Konzernabschluss fundierter über den Wert einer Aktie der Elektro Holding Auskunft gibt:

▷ Der Wert der Elektro-Holding-Aktien hängt fast ausschliesslich vom wirtschaftlichen Erfolg der Tochtergesellschaften ab, weshalb die Unternehmensgruppe in Form der Konzernrechnung als Ganzes beurteilt werden muss.

▷ Das Jahresergebnis der Elektro Holding AG widerspiegelt nicht unbedingt die wirtschaftliche Realität, da die Elektro Holding AG als Muttergesellschaft die Transferpreise von konzerninternen Lieferungen und Leistungen frei festlegen und damit Gewinnverschiebungen von einer Konzerngesellschaft auf andere vornehmen kann. Diese konzerninternen Transaktionen werden im Rahmen der Konsolidierung eliminiert, sodass sie die Konzernrechnung nicht beeinflussen.

10.02

Die BioGen AG gehört nicht zum Konsolidierungskreis, weil sie nicht von der BioHolding AG beherrscht werden kann.

Alle anderen Gesellschaften sind Tochtergesellschaften, weil die Möglichkeit der Beherrschung durch die BioHolding AG direkt oder indirekt gegeben ist:

▷ Bei der BioPharm AG erfolgt die Beherrschung über den Aktionärbindungsvertrag.

▷ Die BioTech AG wird über die Stimmenmehrheit beherrscht.

▷ Die BioVita AG wird indirekt beherrscht: Da die BioHolding AG die BioTech AG beherrscht, verfügt sie über alle Stimmen der BioTech AG an der Generalversammlung der BioVita AG, d.h. 80%.

▷ Die jederzeit ausübbaren Optionen auf 25% der stimmberechtigten Aktien der BioLife AG müssen für die Beurteilung der Beherrschung nach IFRS zum bestehenden Anteil von 30% hinzugerechnet werden, sodass mit 55% eine Beherrschung nach dem gleichen Prinzip wie bei der BioVita AG vorliegt.

Einleitung

10.03

Nr.	Aussage	Richtig	Begründung bei falscher Aussage
1	Ein Konzern ist die Zusammenfassung rechtlich selbstständiger Unternehmen unter einheitlicher Leitung.	X	
2	Ein Konzern besteht aus einer Muttergesellschaft und mindestens einer Tochtergesellschaft.	X	
3	Eine Konzernrechnung ist der Abschluss eines Konzerns, der die Konzernunternehmen so darstellt, als ob es sich um ein einziges Unternehmen handeln würde.	X	
4	Eine Konzernrechnung ist grundsätzlich zu erstellen, sobald eine Gesellschaft durch eine andere beherrscht wird.	X	
5	Die Konzernrechnung ist in der Schweiz zwar massgeblich für die Gewinnausschüttung, nicht aber für die Unternehmensbesteuerung.		Auch für die Gewinnausschüttung sind die Einzelabschlüsse jeder Gesellschaft massgeblich.
6	Eine Konsolidierung ist lediglich eine Summierung der Einzelabschlüsse.		Summierung ist der erste Schritt. Anschliessend müssen die konzerninternen Beziehungen durch Konsolidierungsbuchungen eliminiert werden.
7	Solange der Stimmanteil der Holding an einer anderen Gesellschaft 50% oder weniger beträgt, liegt keine Beherrschung vor.		Die Beherrschung kann auch auf andere Weise als durch Stimmenmehrheit erfolgen (zum Beispiel durch Vertrag).
8	Im Obligationenrecht ist die True and Fair View der wichtigste Grundsatz ordnungsmässiger Rechnungslegung.		Die True and Fair View ist ein wichtiger Grundsatz der IFRS, US GAAP und Swiss GAAP FER. Im Obligationenrecht ist die Vorsicht wichtiger als die Wahrheit.
9	Der Wert der Aktien einer Holdinggesellschaft hängt weitgehend vom wirtschaftlichen Erfolg der Tochtergesellschaften ab, weshalb für die Beurteilung eines Aktienkaufs der Konzernabschluss wichtiger ist als der Einzelabschluss der Holdinggesellschaft.	X	

Einleitung

10.04

10.05

Jahr	20_4	20_5	20_6	20_7	20_8	20_9
Konsolidierungspflicht?	Ja	Ja	Ja	Nein	Nein	Ja

10.06

Nr.	Beschreibung	Begriff
1	Beherrscherin	Muttergesellschaft
2	Überleitungsrechnung bezüglich Reinvermögen	Eigenkapitalnachweis
3	Einnahmen und Ausgaben übersichtlich dargestellt	Geldflussrechnung
4	Erläuterungen zu Bilanz, Erfolgs- und Geldflussrechnung	Anhang
5	Mehrere rechtlich selbstständige Unternehmen unter einheitlicher Leitung	Konzern
6	Zahlenmässige Rechenschaftsablage durch den Verwaltungsrat	Rechnungslegung
7	In der Verfügungsmacht der Unternehmung stehende Ressourcen mit künftigem wirtschaftlichem Nutzen	Aktiven
8	Zusammengezählte Einzelabschlüsse	Summenbilanz
9	Zugleich Mutter und Tochter	Subholding

Lösungswort

M	E	G	A	K	R	A	S	S
1	2	3	4	5	6	7	8	9

11

Erstkonsolidierung

a) Kapitalkonsolidierung

11.01

a) Die grafische Lösung ist auf der nächsten Seite.

Konsolidierungsbogen

	Einzelabschluss M		Einzelabschluss T		Summenbilanz		Konsolidierungs-buchungen		Konzernbilanz	
	Aktiven	Passiven	Aktiven	Passiven	Aktiven	Passiven	Soll	Haben	Aktiven	Passiven
Diverse Aktiven	100		60		160				160	
Beteiligung an T	20				20			20		
Fremdkapital		50		40		90				90
Eigenkapital		70		20		90	20			70
	120	120	60	60	180	180	20	20	160	160

Konsolidierungsjournal

Text	Soll	Haben	Betrag
Kapitalkonsolidierung	Eigenkapital	Beteiligung an T	20

b) Für die Kapitalkonsolidierung gibt es zwei Erklärungen:

▷ Die Konzernbilanz ist so darzustellen, als ob ein einziges Unternehmen vorliegen würde. Bei der Beteiligung der Mutter an der Tochter handelt es sich aus Konzernsicht um eine Beteiligung an sich selbst. Um diese konzerninterne Beziehung zu eliminieren, muss die Beteiligung der Mutter mit dem Nettowert der Tochter (dem Eigenkapital) verrechnet werden.

▷ Durch die Summierung der Einzelabschlüsse ergibt sich eine Doppelzählung, indem der Wert der Tochter ein erstes Mal im Konto Beteiligung an T und ein zweites Mal durch die Nettoaktiven (Aktiven abzüglich des Fremdkapitals) der Tochter erfasst wird. Durch die Aufrechnung der Beteiligung der Mutter mit dem Eigenkapital der Tochter wird diese Doppelerfassung eliminiert.

Erstkonsolidierung 11

11.02

a)

Konsolidierungsjournal

Text	Soll	Haben	Betrag
Kapitalkonsolidierung	Aktienkapital	Beteiligung an T	6
	Kapitalreserven	Beteiligung an T	4
	Goodwill	Beteiligung an T	5

Konsolidierungsbogen 31. 12. 20_1

	Einzelabschluss M		Einzelabschluss T		Summenbilanz		Konsolidierungs-buchungen		Konzernbilanz	
	Aktiven	Passiven	Aktiven	Passiven	Aktiven	Passiven	Soll	Haben	Aktiven	Passiven
Diverse Aktiven	133		30		163				163	
Beteiligung an T	15				15			6♦4♦5		
Goodwill							5		5	
Fremdkapital		70		18		88				88
Aktienkapital		40		6		46	6			40
Kapitalreserven		8		4		12	4			8
Gewinnreserven		25				25				25
Gewinn		5		2		7				7
	148	148	30	30	178	178	15	15	168	168

b) Der Goodwill ist der Teil des Kaufpreises einer Beteiligung, welcher den tatsächlichen Wert der Nettoaktiven der Tochter übersteigt.

Er wird in der Bilanz als immaterielles Anlagevermögen ausgewiesen.

c) Als Gründe können aufgeführt werden:

▷ Die meisten Käufer erhoffen sich Synergien oder erwarten eine überdurchschnittlich positive wirtschaftliche Entwicklung der akquirierten Tochter.

▷ Es kommt in der Praxis häufig vor, dass der bezahlte Aufpreis auf einem Beurteilungsfehler beruht und sich später als wertlos erweist, was zur Abschreibung des Goodwills führt.

d) Beim Erwerb einer Gesellschaft gelten alle Reserven als Kapitalreserven, weil sie aus Konzernsicht gekauft und nicht erarbeitet wurden.

e) Durch die Kapitalkonsolidierung wird das Eigenkapital von T eliminiert.

Eigenfinanzierungsgrad (Summenbilanz)	$\dfrac{\text{Eigenkapital}}{\text{Gesamtkapital}}$	$\dfrac{90}{178}$	51%
Eigenfinanzierungsgrad (Konzernbilanz)	$\dfrac{\text{Eigenkapital}}{\text{Gesamtkapital}}$	$\dfrac{80}{168}$	48%

Erstkonsolidierung 11

11.03

▶ **Fall 1: Keine Differenz**

Konsolidierungsbogen Ende 20_1

Bilanz	M Aktiven	M Passiven	T Aktiven	T Passiven	Summenbilanz Aktiven	Summenbilanz Passiven	Konsolidierung Soll	Konsolidierung Haben	Konzern Aktiven	Konzern Passiven
Diverse Aktiven	2 000		200		2 200				2 200	
Beteiligung an T	100				100			100		
Fremdkapital		1 100		90		1 190				1 190
Aktienkapital		500		100		600	100			500
Kapitalreserven		60		0		60				60
Gewinnreserven		300		0		300				300
Gewinn		140		10		150				150
	2 100	2 100	200	200	2 300	2 300	100	100	2 200	2 200

Konsolidierungsjournal Ende 20_1

Text	Soll	Haben	Betrag
Kapitalkonsolidierung	Aktienkapital	Beteiligung an T	100

▶ **Fall 2: Goodwill**

Konsolidierungsbogen Ende 20_1

Bilanz	M Aktiven	M Passiven	T Aktiven	T Passiven	Summenbilanz Aktiven	Summenbilanz Passiven	Konsolidierung Soll	Konsolidierung Haben	Konzern Aktiven	Konzern Passiven
Diverse Aktiven	1 870		330		2 200				2 200	
Beteiligung an T	230				230			100◆80 50		
Goodwill							50		50	
Fremdkapital		1 100		120		1 220				1 220
Aktienkapital		500		100		600	100			500
Kapitalreserven		60		80		140	80			60
Gewinnreserven		300		0		300				300
Gewinn		140		30		170				170
	2 100	2 100	330	330	2 430	2 430	230	230	2 250	2 250

Konsolidierungsjournal Ende 20_1

Text	Soll	Haben	Betrag
Kapitalkonsolidierung	Aktienkapital	Beteiligung an T	100
	Kapitalreserven	Beteiligung an T	80
	Goodwill	Beteiligung an T	50

Erstkonsolidierung **11** Lösung 11.03

▶ Fall 3: Bargain Purchase[1]

Konsolidierungsbogen Ende 20_1

Bilanz	M Aktiven	M Passiven	T Aktiven	T Passiven	Summenbilanz Aktiven	Summenbilanz Passiven	Konsolidierung Soll	Konsolidierung Haben	Konzern Aktiven	Konzern Passiven
Diverse Aktiven	1 970		330		2 300				2 300	
Beteiligung an T	130				130		10	100◆40		
Fremdkapital		1 100		170		1 270				1 270
Aktienkapital		500		100		600	100			500
Kapitalreserven		60		40		100	40			60
Gewinnreserven		300		0		300				300
Gewinn		140		20		160		10		170
	2 100	2 100	330	330	2 430	2 430	150	150	2 300	2 300

Erfolgsrechnung	M Aufwand	M Ertrag	T Aufwand	T Ertrag	Summenbilanz Aufwand	Summenbilanz Ertrag	Konsolidierung Soll	Konsolidierung Haben	Konzern Aufwand	Konzern Ertrag
Diverser Ertrag		5 000		700		5 700				5 700
Diverser Aufwand	4 860		680		5 540				5 540	
Gewinn aus Beteiligungserwerb								10		10
Gewinn	140		20		160		10		170	
	5 000	5 000	700	700	5 700	5 700	10	10	5 710	5 710

Konsolidierungsjournal Ende 20_1

Text	Soll	Haben	Betrag
Kapitalkonsolidierung	Aktienkapital	Beteiligung an T	100
	Kapitalreserven	Beteiligung an T	40
	Beteiligung an T	Gewinn Bilanz[2]	10
	Gewinn Erfolgsrechnung[2]	Gewinn aus Beteiligungserwerb	10

---

[1] Diese Lösung wird von den IFRS vorgeschrieben. Die Swiss GAAP FER äussern sich nicht explizit zum negativen Goodwill. Nach Ansicht der Buchautoren kann ein negativer Goodwill auf drei Arten erfasst werden:
  ▷ als Gewinn aus Beteiligungserwerb (wie IFRS)
  ▷ als Rückstellung, die in den Folgeperioden erfolgswirksam aufgelöst wird
  ▷ erfolgsneutral im Eigenkapital (als Kapitalreserven)

[2] Die doppelte Verbuchung über *Gewinn Bilanz* und *Gewinn Erfolgsrechnung* ergibt sich aus dem Aufbau des Konsolidierungsbogens. Die Bilanz und die Erfolgsrechnung bilden zwei getrennte, in sich geschlossene Kreise. Ausführlich beschrieben werden die Gewinnbuchungen in Kapitel 11 c).

11.04

a) Der Goodwill beträgt insgesamt 70.

Goodwill-Berechnung

	T1	T2
Kaufpreis der Beteiligung	200	150
./. Eigenkapital im Erwerbszeitpunkt	−160	−120
= Goodwill	40	30

b)

Eigenkapital gemäss Konzernabschluss

Aktienkapital	400
Kapitalreserven	80
Gewinnreserven	130
Konzerngewinn	90
Total Eigenkapital	700

Erstkonsolidierung 11

b) Schulden- und Umsatzkonsolidierung

11.20

a)

Konsolidierungsjournal

Text	Soll	Haben	Betrag
Schuldenkonsolidierung	Passivdarlehen von M	Aktivdarlehen an T	50
Umsatzkonsolidierung	Finanzertrag	Finanzaufwand	3

b) Bei der Konsolidierung werden die Bankkonten von M und T summiert. Ob das Geld auf dem Bankkonto von M oder von T liegt, hat auf die Summe keinen Einfluss.

11.21

Konsolidierungsjournal 20_1

Nr.	Text	Soll	Haben	Betrag
1	Kapitalkonsolidierung	Aktienkapital	Beteiligung an T	70
		Kapitalreserven	Beteiligung an T	25
		Goodwill	Beteiligung an T	12
2	M belastete T Management Fees von 6.	Dienstleistungsertrag	Übriger Aufwand	6
3	T lieferte M Waren für 50, die von M an Dritte weiterverkauft wurden.	Warenertrag	Warenaufwand	50
4	Die konzerninternen Debitoren und Kreditoren sind zu verrechnen.	Kreditor M	Debitor T	14
5	Das konzerninterne Darlehen wurde per 30. März 20_1 gewährt und ist halbjährlich Ende März und Ende September zu verzinsen. Zinsfuss 5% p.a.	Passivdarlehen von M	Aktivdarlehen an T	80
		Finanzertrag	Finanzaufwand	3
		Transitorische Passiven	Transitorische Aktiven	1

Erstkonsolidierung — Lösung 11.21

Konsolidierungsbogen per 31. 12. 20_1

Schlussbilanz	M Aktiven	M Passiven	T Aktiven	T Passiven	Konsolidierungsbuchungen Soll	Konsolidierungsbuchungen Haben	Konzern Aktiven	Konzern Passiven
Diverse Aktiven	300		240				540	
Debitor T	14					14		
Transitorische Aktiven	4					1	3	
Aktivdarlehen an T	80					80		
Beteiligung an T	107					70 ♦ 25 ♦ 12		
Goodwill					12		12	
Diverses Fremdkapital		295		37				332
Kreditor M				14	14			
Transitorische Passiven				3	1			2
Passivdarlehen von M				80	80			
Aktienkapital		150		70	70			150
Kapitalreserven		10		25	25			10
Gewinnreserven		28						28
Gewinn		22		11				33
	505	505	240	240	202	202	555	555

Erfolgsrechnung	M Aufwand	M Ertrag	T Aufwand	T Ertrag	Konsolidierungsbuchungen Soll	Konsolidierungsbuchungen Haben	Konzern Aufwand	Konzern Ertrag
Warenertrag		600		350	50			900
Dienstleistungsertrag		10			6			4
Finanzertrag		7			3			4
Warenaufwand	380		220			50	550	
Finanzaufwand	15		3			3	15	
Übriger Aufwand	200		116			6	310	
Gewinn	22		11				33	
	617	617	350	350	59	59	908	908

Erstkonsolidierung 11

11.22

Konsolidierungsjournal 20_1

Nr.	Text	Soll	Haben	Betrag
1	Kapitalkonsolidierung	Aktienkapital	Beteiligung an T	150
		Kapitalreserven	Beteiligung an T	50
		Goodwill	Beteiligung an T	10
2	T bezahlte M eine Lizenzgebühr von 13.	Dienstleistungsertrag (oder Lizenzertrag)	Dienstleistungsaufwand (oder Lizenzaufwand)	13
3	M lieferte T Waren im Fakturawert von 90, die T an konzernexterne Käufer weiterveräusserte.	Warenertrag	Warenaufwand	90
4	T überwies M am 10. September 20_1 per Bank einen Betrag von 20 zur Reduktion der Kontokorrentschuld.	Keine Konsolidierungsbuchung[1]		
5	Die Kontokorrente zwischen M und T wiesen Ende Jahr Salden von 5 zugunsten von T auf.	Kontokorrent mit T	Kontokorrent mit M	5
6	M gewährte T am 28. Februar 20_1 ein Darlehen von 100, das von T halbjährlich per Ende Februar und Ende August zu 6% p.a. zu verzinsen ist.	Passivdarlehen von M	Aktivdarlehen an T	100
		Finanzertrag	Finanzaufwand	5
		Transitorische Passiven	Transitorische Aktiven	2

---

[1] Diese Transaktion vermindert das Bankguthaben von T und erhöht das Bankguthaben von M. Die Summenbilanz wird dabei nicht verändert. Das heisst, aus Konzernsicht veränderte sich das Bankguthaben insgesamt nicht.

Erstkonsolidierung 11

c) Elimination von Zwischengewinnen

11.40

a)

Buchungen bei M

Nr.	Soll	Haben	Betrag
1	–	–	–
2	Warenaufwand	Bank	80
3	Debitoren	Warenertrag	75
4	Warenvorrat	Warenaufwand	16

Buchungen bei T

Nr.	Soll	Haben	Betrag
1	Warenaufwand	Kreditoren	120
2	Bank	Warenertrag	80
3	–	–	–
4	–	–	–

b)

Bewertung des Warenvorrats

	Bewertung bei M 100%	Bewertung Konzern 75%	Zwischengewinn 25%
Bestand Eröffnungsbilanz	0	0	0
Bestand Schlussbilanz	16	12	4
Veränderung	+16	+12	+4

c)

Konsolidierungsjournal

Geschäftsfälle	Soll	Haben	Betrag
Elimination konzerninterner Umsätze	Warenertrag	Warenaufwand	80
Zwischengewinnelimination	Gewinn Bilanz	Warenvorrat	4
	Warenaufwand	Gewinn ER	4

Erstkonsolidierung

11.41

a)

Konsolidierungsjournal per 31. 12. 20_1

Nr.	Text	Soll	Haben	Betrag
1	Die Kapitalkonsolidierung ist durchzuführen.	Aktienkapital	Beteiligung an T	80
		Kapitalreserven	Beteiligung an T	24
		Goodwill	Beteiligung an T	26
2	Das am 30. April 20_1 (= halbjährlicher Zinstermin) gewährte konzerninterne Darlehen wird zu 5% verzinst.	Passivdarlehen von M	Aktivdarlehen an T	120
		Finanzertrag	Finanzaufwand	4
		Transitorische Passiven	Transitorische Aktiven	1
3	Für Management Fees entrichtete T an M 13.	Dienstleistungsertrag	Übriger Aufwand	13
4	M verkaufte an T Waren für 40 mit derselben Bruttogewinnmarge wie bei Dritten. T verkaufte davon 28 an konzernexterne Kunden weiter.	Warenertrag	Warenaufwand	40
		Gewinn Bilanz	Warenvorrat	① 3
		Warenaufwand	Gewinn ER	3
5	Die Kontokorrente werden nicht verzinst.	Kontokorrent mit M	Kontokorrent mit T	5

b) Die Elimination der gegenseitigen Zinsverrechnung ist eine so genannte Umsatzkonsolidierung. Solche Konsolidierungsbuchungen haben keinen Einfluss auf den Erfolg. Im Beispiel wird der Zinsertrag bei M um 4 vermindert und bei T um 4 erhöht, was sich bezüglich des Erfolgs kompensiert.

---

① Die Bruttogewinnmarge bei M beträgt gemäss Erfolgsrechnung 25%.

Erstkonsolidierung — **11** Lösung 11.41

Konsolidierungsbogen per 31. 12. 20_1

Schlussbilanz	M Aktiven	M Passiven	T Aktiven	T Passiven	Konsolidierungsbuchungen Soll	Konsolidierungsbuchungen Haben	Konzern Aktiven	Konzern Passiven
Diverse Aktiven	400		200				600	
Kontokorrent mit T	5					5		
Warenvorrat	75		58			3	130	
Transitorische Aktiven	3					1	2	
Aktivdarlehen an T	120					120		
Beteiligung an T	130					80 ♦ 24 ♦ 26		
Goodwill					26		26	
Diverses Fremdkapital		410		19				429
Kontokorrent mit M				5	5			
Transitorische Passiven				3	1			2
Passivdarlehen von M				120	120			
Aktienkapital		240		80	80			240
Kapitalreserven		9		24	24			9
Gewinnreserven		49						49
Gewinn		25		7		3		29
	733	733	258	258	259	259	758	758

Erfolgsrechnung	M Aufwand	M Ertrag	T Aufwand	T Ertrag	Konsolidierungsbuchungen Soll	Konsolidierungsbuchungen Haben	Konzern Aufwand	Konzern Ertrag
Warenertrag		1 200		380	40			1 540
Dienstleistungsertrag		13			13			
Finanzertrag		5			4			1
Warenaufwand	900		240		3	40	1 103	
Finanzaufwand	15		6			4	17	
Übriger Aufwand	278		127			13	392	
Gewinn	25		7			3	29	
	1 218	1 218	380	380	60	60	1 541	1 541

Erstkonsolidierung 11

11.42

a)

Buchungen bei M

Nr.	Soll	Haben	Betrag
1	Warenaufwand	Bank	100
2	Debitoren	Warenertrag	70
3	Warenvorrat	Warenaufwand	40

Buchungen bei T

Nr.	Soll	Haben	Betrag
1	Bank	Fabrikateertrag	100
2	–	–	–
3	–	–	–

b)

Vorräte und Zwischengewinne

	Warenvorrat bei M 100%	Fabrikatevorrat Konzern 80%	Zwischengewinn 20%
Bestand Eröffnungsbilanz	0	0	0
Bestand Schlussbilanz	40	32	8
Veränderung	+40	+32	+8

Konsolidierungsjournal

Geschäftsfälle	Soll	Haben	Betrag
Elimination konzerninterner Umsätze	Fabrikateertrag	Warenaufwand	100
Umbuchung der Erträge	Warenertrag	Fabrikateertrag	70
Storno Warenvorratskorrektur	Gewinn Bilanz	Warenvorrat	40
	Warenaufwand	Gewinn ER	40
Bestandeszunahme Fabrikate	Fabrikatevorrat	Gewinn Bilanz	32
	Gewinn ER	Bestandesänderung	32

11.43

a)

Buchungen bei M

Nr.	Soll	Haben	Betrag
1	Sachanlagen	Bank	400
2	Abschreibungen	WB Sachanlagen	40

Buchungen bei T

Nr.	Soll	Haben	Betrag
1	Bank	Fabrikateertrag	400
2	–	–	–

b)

Zwischengewinn und Abschreibungsdifferenz

	Anschaffungswert		Wertberichtigung		Zwischengewinn
	M	Konzern	M	Konzern	
Bei Lieferung	400	300	0	0	100
Abschreibung			40	30	–10
Schlussbilanz	400	300	40	30	90

c)

Konsolidierungsjournal

Geschäftsfälle	Soll	Haben	Betrag
Storno konzerninterne Lieferung	Gewinn Bilanz	Sachanlagen	400
	Fabrikateertrag	Gewinn ER	400
Aktivierte Eigenleistung	Sachanlagen	Gewinn Bilanz	300
	Gewinn ER	Ertrag Eigenleistung	300
Korrektur Abschreibungen	WB Sachanlagen	Gewinn Bilanz	10
	Gewinn ER	Abschreibungen	10

Erstkonsolidierung 11

11.44

a)

Konsolidierungsjournal per 31. 12. 20_1

Geschäftsfälle	Soll	Haben	Betrag
Elimination konzerninterner Umsatz	Fabrikateertrag	Warenaufwand	400
Umbuchung der Erträge	Warenertrag	Fabrikateertrag	①384
Storno Warenvorratskorrektur	Gewinn Bilanz	Warenvorrat	80
	Warenaufwand	Gewinn ER	80
Bestandeszunahme Fabrikate	Fabrikatevorrat	Gewinn Bilanz	60
	Gewinn ER	Bestandesänderung	60

b) Die MWST ist kein konzerninterner Umsatz, weil sie beim Lieferanten der Umsatzsteuer unterliegt und vom Empfänger als Vorsteuer abgezogen wird.

Bei einer allfälligen Gruppenbesteuerung nach Art. 22 MWSTG wird konzernintern keine MWST fakturiert.

c) Durch die Transportkosten erhöht sich der Einstandswert des Wareneinkaufs bei T auf 425 (bei Konzernherstellkosten von 325).

Konsolidierungsjournal per 31. 12. 20_1

Geschäftsfälle	Soll	Haben	Betrag
Elimination konzerninterner Umsatz	Fabrikateertrag	Warenaufwand	400
Umbuchung der Erträge	Warenertrag	Fabrikateertrag	②408
Storno Warenvorratskorrektur	Gewinn Bilanz	Warenvorrat	85
	Warenaufwand	Gewinn ER	85
Bestandeszunahme Fabrikate	Fabrikatevorrat	Gewinn Bilanz	65
	Gewinn ER	Bestandesänderung	65

11.45

Konsolidierungsjournal per 31. 12. 20_1

Geschäftsfälle	Soll	Haben	Betrag
Storno konzerninterne Lieferung	Gewinn Bilanz	Sachanlagen	560
	Fabrikateertrag	Gewinn ER	560
Aktivierte Eigenleistung	Sachanlagen	Gewinn Bilanz	③400
	Gewinn ER	Ertrag Eigenleistung	400
Korrektur Abschreibungen	WB Sachanlagen	Gewinn Bilanz	④ 20
	Gewinn ER	Abschreibungen	20

---

① Warenaufwand 320 (vier Fünftel von 400) + Bruttogewinnzuschlag 64 (20% von 320) = Warenertrag 384

② Warenaufwand 340 (vier Fünftel von 425) + Bruttogewinnzuschlag 68 (20% von 340) = Warenertrag 408

③ Herstellkosten bei T 360 + Transportkosten 40 = Konzernherstellkosten 400

④ Da die Maschine Mitte Jahr erworben wurde, ist nur ein halbes Jahr abzuschreiben.

Erstkonsolidierung

11.46

Konsolidierungsjournal

Nr.	Text	Soll	Haben	Betrag
1	Das Eigenkapital von T setzte sich im Erwerbszeitpunkt wie folgt zusammen: Aktienkapital 160, Kapitalreserven 50.	Aktienkapital	Beteiligung an T	160
		Kapitalreserven	Beteiligung an T	50
		Goodwill	Beteiligung an T	10
2	T lieferte M Waren zum Verkaufspreis von 40. Die Bruttogewinnmarge von T betrug 20%. M verkaufte von dieser Ware drei Viertel an konzernexterne Käufer für 36 weiter.	Warenertrag	Warenaufwand	40
		Gewinn Bilanz	Warenvorrat	2
		Warenaufwand	Gewinn ER	2
3	M gewährte T am 31. Oktober dieses Jahres ein Darlehen von 100. Zinsfuss 6%, Zinstermin 31. Oktober.	Passivdarlehen von M	Aktivdarlehen an T	100
		Finanzertrag	Finanzaufwand	1
		Transitorische Passiven	Transitorische Aktiven	1
4	M lieferte T selbst hergestellte Fabrikate zum Verkaufspreis von 80. Die Herstellkosten betrugen 72. T veräusserte davon 60 als Handelsware zum Verkaufspreis von 73 an Dritte.	Fabrikateertrag	Warenaufwand	80
		Warenertrag	Fabrikateertrag	73
		Gewinn Bilanz	Warenvorrat	20
		Warenaufwand	Gewinn ER	20
		Fabrikatevorrat	Gewinn Bilanz	18
		Gewinn ER	Bestandesänderung	18
5	M lieferte T Anfang Jahr eine selbst hergestellte Sachanlage für 50 (Herstellkosten 30). Die Abschreibung erfolgt linear und indirekt auf 5 Jahre.	Gewinn Bilanz	Sachanlage	50
		Fabrikateertrag	Gewinn ER	50
		Sachanlage	Gewinn Bilanz	30
		Gewinn ER	Ertrag Eigenleistung	30
		WB Sachanlagen	Gewinn Bilanz	4
		Gewinn ER	Abschreibungen	4

Erstkonsolidierung

d) Konzerninterne Gewinnausschüttungen

11.60

a)

Buchungen bei M

Nr.	Soll	Haben	Betrag
1	Bank	Beteiligungsertrag	20

Buchungen bei T

Nr.	Soll	Haben	Betrag
1	Gewinnvortrag	Bank	20

b)

	Einzelabschluss M	Einzelabschluss T
Konto Bank	Der Saldo wäre um 20 tiefer.	Der Saldo wäre um 20 höher.
Konto Gewinnvortrag	Keine Veränderung	Die Gewinnreserven wären um 20 höher. (Der Gewinnvortrag ist ein Teil der Gewinnreserven).
Konto Beteiligungsertrag	Der Beteiligungsertrag wäre um 20 tiefer, was zu einem tieferen Erfolg geführt hätte.	Das Konto Beteiligungsertrag ist kein Konto von T. Der Erfolg von T bleibt unverändert.

c)

Konsolidierungsjournal

Geschäftsfälle	Soll	Haben	Betrag
Elimination Dividendenauszahlung	Gewinn Bilanz	Gewinnreserven	20
	Beteiligungsertrag	Gewinn ER	20

Erstkonsolidierung 11

11.61

Konsolidierungsjournal

Nr.	Text	Soll	Haben	Betrag
1	Das Eigenkapital von T setzte sich im Erwerbszeitpunkt wie folgt zusammen: Aktienkapital 200, Kapitalreserven 50.	Aktienkapital	Beteiligung an T	200
		Kapitalreserven	Beteiligung an T	50
		Beteiligung an T	Gewinn Bilanz	20
		Gewinn ER	Gewinn aus Beteiligungserwerb	20
2	T lieferte M Handelswaren zum Verkaufspreis von 90. Die Bruttogewinnmarge von T betrug 33⅓%. M verkaufte von dieser Ware zwei Drittel an konzernexterne Käufer mit einem Bruttogewinnzuschlag von 20%.	Warenertrag	Warenaufwand	90
		Gewinn Bilanz	Warenvorrat	10
		Warenaufwand	Gewinn ER	10
3	M gewährte T am 31. März dieses Jahres ein Darlehen von 200. Zinsfuss 4%, Zinstermine 31. März und 30. September.	Passivdarlehen von M	Aktivdarlehen an T	200
		Finanzertrag	Finanzaufwand	6
		Transitorische Passiven	Transitorische Aktiven	2
4	M lieferte T selbst hergestellte Fabrikate zum Verkaufspreis von 150. Die Herstellkosten betrugen 120. T veräusserte davon 110 als Handelswaren zum Verkaufspreis von 130 an Dritte.	Fabrikateertrag	Warenaufwand	150
		Warenertrag	Fabrikateertrag	130
		Gewinn Bilanz	Warenvorrat	40
		Warenaufwand	Gewinn ER	40
		Fabrikatevorrat	Gewinn Bilanz	32
		Gewinn ER	Bestandesänderung	32
5	M lieferte T Anfang Jahr eine selbst hergestellte Sachanlage für 70 (Herstellkosten 40). Die Abschreibung erfolgt linear, indirekt auf 10 Jahre.	Gewinn Bilanz	Sachanlagen	70
		Fabrikateertrag	Gewinn ER	70
		Sachanlagen	Gewinn Bilanz	40
		Gewinn ER	Ertrag Eigenleistung	40
		WB Sachanlagen	Gewinn Bilanz	3
		Gewinn ER	Abschreibungen	3
6	T zahlte an M eine Dividende von 15.	Gewinn Bilanz	Gewinnreserven	15
		Beteiligungsertrag	Gewinn ER	15

12

Folgekonsolidierung

a) Kapitalkonsolidierung

12.01

a)

Konsolidierungsjournal Ende 20_1

Text	Soll	Haben	Betrag
Kapitalkonsolidierung	Aktienkapital	Beteiligung an T	150
	Kapitalreserven	Beteiligung an T	90
	Goodwill	Beteiligung an T	10

Konsolidierungsbogen Ende 20_1

Bilanz	M Aktiven	Passiven	T Aktiven	Passiven	Konsolidierung Soll	Haben	Konzern Aktiven	Passiven
Diverse Aktiven	1 350		600				1 950	
Beteiligung an T	250					150 ◆ 90 ◆ 10		
Goodwill					10		10	
Fremdkapital		840		350				1 190
Aktienkapital		500		150	150			500
Kapitalreserven		70		90	90			70
Gewinnreserven		170		0				170
Gewinn		20		10				30
	1 600	1 600	600	600	250	250	1 960	1 960

Folgekonsolidierung 12 Lösung 12.01

b)

Konsolidierungsjournal Ende 20_2

Text	Soll	Haben	Betrag
Kapitalkonsolidierung	Aktienkapital	Beteiligung an T	150
	Kapitalreserven	Beteiligung an T	90
	Goodwill	Beteiligung an T	10

Konsolidierungsbogen Ende 20_2

Bilanz	M Aktiven	M Passiven	T Aktiven	T Passiven	Konsolidierung Soll	Konsolidierung Haben	Konzern Aktiven	Konzern Passiven
Diverse Aktiven	1 400		620				2 020	
Beteiligung an T	250					150 ♦ 90 ♦ 10		
Goodwill					10		10	
Fremdkapital		850		340				1 190
Aktienkapital		500		150	150			500
Kapitalreserven		70		90	90			70
Gewinnreserven		190		10				200
Gewinn		40		30				70
	1 650	1 650	620	620	250	250	2 030	2 030

Folgekonsolidierung **12** Lösung 12.01

c)
Konsolidierungsjournal Ende 20_3 (Variante 1)

Text	Soll	Haben	Betrag
Kapitalkonsolidierung im Erwerbszeitpunkt	Aktienkapital	Beteiligung an T	150
	Kapitalreserven	Beteiligung an T	90
	Goodwill	Beteiligung an T	10
Kapitalkonsolidierung der Kapitalerhöhung	Aktienkapital	Beteiligung an T	100
	Kapitalreserven	Beteiligung an T	50

Konsolidierungsjournal Ende 20_3 (Variante 2)

Text	Soll	Haben	Betrag
Kapitalkonsolidierung	Aktienkapital	Beteiligung an T	250
	Kapitalreserven	Beteiligung an T	140
	Goodwill	Beteiligung an T	10

Konsolidierungsbogen Ende 20_3 (nach Variante 2)

Bilanz	M Aktiven	M Passiven	T Aktiven	T Passiven	Konsolidierung Soll	Konsolidierung Haben	Konzern Aktiven	Konzern Passiven
Diverse Aktiven	1 300		750				2 050	
Beteiligung an T	400					250 ♦ 140 ♦ 10		
Goodwill					10		10	
Fremdkapital		850		300				1 150
Aktienkapital		500		250	250			500
Kapitalreserven		70		140	140			70
Gewinnreserven		230		40				270
Gewinn		50		20				70
	1 700	1 700	750	750	400	400	2 060	2 060

Folgekonsolidierung 12

12.02

a) Die Gewinnausschüttung betrug 60 (Vorjahresgewinn 90 abzüglich Bildung von Gewinnreserven 30).

Davon wird unter Abzug von 35% Verrechnungssteuer ein Betrag von **39** (65% von 60) an die Holdingaktionäre (Aktionäre von M) ausbezahlt.

b) Die Aktienkapitalerhöhung bei T betrug nominal 20. Aus der Erhöhung der Kapitalreserven lässt sich ein Agio von 10 ermitteln; das sind **50%** des Nominalwerts.

c)

Goodwill

Aktienkapital	– 40
Kapitalreserven	– 50
Eigenkapital	– 90
Beteiligung	100
Goodwill	10

d)

Konsolidierungsjournal Ende 20_3

Text	Soll	Haben	Betrag
Kapitalkonsolidierung	Aktienkapital	Beteiligung an T	60
	Kapitalreserven	Beteiligung an T	60
	Goodwill	Beteiligung an T	10

e)

Konzern-Eigenkapital per Ende 20_3

Aktienkapital	600
Kapitalreserven	120
Gewinnreserven (280 + 100 + 10 + 9)	399
Eigenkapital	1 119

Folgekonsolidierung 12

b) Elimination von Zwischengewinnen

12.20

Konsolidierungsjournal Ende 20_1 (Erstkonsolidierung)

Text	Soll	Haben	Betrag
Umsatzkonsolidierung	Warenertrag	Warenaufwand	600
Elimination unrealisierte Zwischengewinne	Gewinn Bilanz	Warenvorrat	10
	Warenaufwand	Gewinn ER	10

Konsolidierungsjournal Ende 20_2 (Folgekonsolidierung)

Text	Soll	Haben	Betrag
Umsatzkonsolidierung	Warenertrag	Warenaufwand	700
Anfangsbestand unrealisierte Zwischengewinne	Gewinnreserven	Warenvorrat	10
Zunahme unrealisierte Zwischengewinne	Gewinn Bilanz	Warenvorrat	2
	Warenaufwand	Gewinn ER	2

Konsolidierungsjournal Ende 20_3 (Folgekonsolidierung)

Text	Soll	Haben	Betrag
Umsatzkonsolidierung	Warenertrag	Warenaufwand	500
Anfangsbestand unrealisierte Zwischengewinne	Gewinnreserven	Warenvorrat	12
Abnahme unrealisierte Zwischengewinne	Warenvorrat	Gewinn Bilanz	4
	Gewinn ER	Warenaufwand	4

Folgekonsolidierung 12

12.21

	20_1	20_2	20_3
Konzerninterne Lieferungen zu Verkaufspreisen von T	250	300	400
Warenvorrat Ende Jahr bei M gemäss Einzelabschluss von M (100%)	30	40	60
Warenvorrat Ende Jahr bei M gemäss Bewertung Konzern (80%)	24	32	48
Nicht realisierte Zwischengewinne Ende Jahr (20%)	6	8	12

Vervollständigen Sie die Tabelle, und führen Sie das Konsolidierungsjournal per Ende 20_3.

Konsolidierungsjournal Ende 20_3

Nr.	Text	Soll	Haben	Betrag
1	Konzerninterner Umsatz	Warenertrag	Warenaufwand	400
2	Zwischengewinn aus Vorperiode	Gewinnreserven	Warenvorrat	8
3	Erhöhung des Zwischengewinns 20_3	Gewinn Bilanz	Warenvorrat	4
		Warenaufwand	Gewinn ER	4

Folgekonsolidierung 12

12.22

	20_1	20_2	20_3
Konzerninterne Lieferungen zu Verkaufspreisen von T	160	200	212
Warenvorrat Ende Jahr bei M gemäss Einzelabschluss von M (100%)	24	28	40
Fabrikatevorrat Ende Jahr bei M gemäss Bewertung Konzern (75%)	18	21	30
Nicht realisierte Zwischengewinne Ende Jahr (25%)	6	7	10

Konsolidierungsjournal per Ende 20_3

Nr.	Text	Soll	Haben	Betrag
1	Konzerninterner Umsatz	Fabrikateertrag	Warenaufwand	212
2	Umbuchung Drittumsatz von M	Warenertrag	Fabrikateertrag	①260
3	Zwischengewinn aus Vorperiode	Gewinnreserven	Warenvorrat	28
		Fabrikatevorrat	Gewinnreserven	21
4	Storno Warenbestandskorrektur	Gewinn Bilanz	Warenvorrat	12
		Warenaufwand	Gewinn ER	12
	Bestandeszunahme Fabrikate	Fabrikatevorrat	Gewinn Bilanz	9
		Gewinn ER	Bestandesänderung	9

① Der im Einzelabschluss von M erfasste Warenertrag gegenüber Dritten ist wie folgt zu ermitteln:

Wareneinkauf	212	
./. Zunahme Warenvorrat	− 12	
= Warenaufwand	200	100%
+ Bruttogewinnzuschlag	60	30%
= Warenertrag	260	130%

12.23

a) Direkte Abschreibung

Konsolidierungsjournal Ende 20_1

Nr.	Text	Soll	Haben	Betrag
1	Storno konzerninterne Lieferung	Gewinn Bilanz	Sachanlagen	60
		Fabrikateertrag	Gewinn ER	60
	Aktivierung als Eigenleistung	Sachanlagen	Gewinn Bilanz	50
		Gewinn ER	Ertrag Eigenleistung	50
2	Reduktion der Abschreibung	Sachanlagen	Gewinn Bilanz	2
		Gewinn ER	Abschreibungen	2

Konsolidierungsjournal Ende 20_3

Nr.	Text	Soll	Haben	Betrag
1	Anfangsbestand Zwischengewinn	Gewinnreserven	Sachanlagen	6
2	Reduktion der Abschreibung	Sachanlagen	Gewinn Bilanz	2
		Gewinn ER	Abschreibungen	2

b) Indirekte Abschreibung

Konsolidierungsjournal Ende 20_1

Nr.	Text	Soll	Haben	Betrag
1	Storno konzerninterne Lieferung	Gewinn Bilanz	Sachanlagen	60
		Fabrikateertrag	Gewinn ER	60
	Aktivierung als Eigenleistung	Sachanlagen	Gewinn Bilanz	50
		Gewinn ER	Ertrag Eigenleistung	50
2	Reduktion der Abschreibung	WB Sachanlagen	Gewinn Bilanz	2
		Gewinn ER	Abschreibungen	2

Konsolidierungsjournal Ende 20_3

Nr.	Text	Soll	Haben	Betrag
1	Anfangsbestand Zwischengewinn	Gewinnreserven	Sachanlagen	10
		WB Sachanlagen	Gewinnreserven	4
2	Reduktion der Abschreibung	WB Sachanlagen	Gewinn Bilanz	2
		Gewinn ER	Abschreibungen	2

Folgekonsolidierung 12

12.24

	M	Konzern	Zwischen-gewinn
Anschaffungswert Anfang 20_1	500	420	80
./. Abschreibung 20_1	−100	− 70	−30
= Buchwert Ende 20_1	400	350	50
./. Abschreibung 20_2	− 80	− 70	−10
= Buchwert Ende 20_2	320	280	40
./. Abschreibung 20_3	− 64	− 70	+ 6
= Buchwert Ende 20_3	256	210	46

Konsolidierungsjournal Ende 20_1

Nr.	Text	Soll	Haben	Betrag
1	Storno Lieferung	Gewinn Bilanz	Sachanlagen	500
		Fabrikateertrag	Gewinn ER	500
	Aktivierung als Eigenleistung	Sachanlagen	Gewinn Bilanz	420
		Gewinn ER	Ertrag Eigenleistung	420
2	Reduktion Abschreibung	WB Sachanlagen	Gewinn Bilanz	30
		Gewinn ER	Abschreibung	30

Konsolidierungsjournal Ende 20_3

Nr.	Text	Soll	Haben	Betrag
1	Anfangsbestand Zwischengewinn	Gewinnreserven	Sachanlagen	80
		WB Sachanlagen	Gewinnreserven	40
2	Erhöhung Abschreibung[1]	Gewinn Bilanz	WB Sachanlagen	6
		Abschreibung	Gewinn ER	6

---

[1] Im Jahr 3 schreibt M aufgrund der degressiven Abschreibungsmethode weniger ab als aus Sicht des Konzerns notwendig ist. Dies führt in der Konsolidierung zu einer Erhöhung der Abschreibung.

12.25

Konsolidierungsjournal Ende 20_7

Nr.	Text	Soll	Haben	Betrag
1	M lieferte T Waren im Fakturawert von 250, die T grundsätzlich mit einem Bruttogewinnzuschlag von 15% an Dritte weiterverkaufte. Der Warenvorrat aus konzerninternen Lieferungen betrug bei T: 24 (Ende 20_6) bzw. 36 (Ende 20_7). M kalkuliert konstant mit einem Bruttogewinn-Zuschlag von 20%.	Warenertrag	Warenaufwand	250
		Gewinnreserven	Warenvorrat	4
		Gewinn Bilanz	Warenvorrat	2
		Warenaufwand	Gewinn ER	2
2	T lieferte M Fabrikate für 160 (Konzernherstellkosten 120), die M grundsätzlich als Handelswaren mit einer Bruttogewinnmarge von 20% an Dritte weiter verkaufte. Die Warenvorräte aus konzerninternen Lieferungen betrugen bei M: 60 (Ende 20_6) bzw. 40 (Ende 20_7). Die Bruttomarge von T ist gleichbleibend.	Fabrikateertrag	Warenaufwand	160
		Warenertrag	Fabrikateertrag	①225
		Gewinnreserven	Warenvorrat	60
		Fabrikatevorrat	Gewinnreserven	45
		Warenvorrat	Gewinn Bilanz	20
		Gewinn ER	Warenaufwand	20
		Gewinn Bilanz	Fabrikatevorrat	15
		Bestandesänderung	Gewinn ER	15
3	T lieferte M Anfang 20_4 eine selbst hergestellte Sachanlage für 150 (Konzernherstellkosten 120). Die indirekte Abschreibung erfolgt linear über 6 Jahre.	Gewinnreserven	Sachanlagen	30
		WB Sachanlagen	Gewinnreserven	15
		WB Sachanlagen	Gewinn Bilanz	5
		Gewinn ER	Abschreibungen	5
4	T lieferte M *Mitte* 20_7 eine selbst hergestellte Anlage für 60 (Konzernherstellkosten 50). Die indirekte Abschreibung erfolgt linear über 5 Jahre.	Gewinn Bilanz	Sachanlagen	60
		Fabrikateertrag	Gewinn ER	60
		Sachanlagen	Gewinn Bilanz	50
		Gewinn ER	Ertrag Eigenleistungen	50
		WB Sachanlagen	Gewinn Bilanz	②1
		Gewinn ER	Abschreibungen	1

① (Lieferung 160 + Lagerabnahme 20) : 0,8 = 225

② Da die Lieferung (und Inbetriebnahme) der Sachanlage per Mitte Jahr erfolgte, muss die Abschreibung nur für ein halbes Jahr ermittelt werden.

Folgekonsolidierung 12

12.26

Konsolidierungsjournal Ende 20_1

Nr.	Text	Soll	Haben	Betrag
1	T liefert M Waren für 400 (Konzerneinstandswert 320).	Warenertrag	Warenaufwand	400
2	Der Warenvorrat aus konzerninternen Lieferungen bei M beträgt Ende Jahr 80.	Gewinn Bilanz	Warenvorrat	16
		Warenaufwand	Gewinn ER	16

Konsolidierungsjournal Ende 20_2

Nr.	Text	Soll	Haben	Betrag
1	T liefert M Waren für 600 (Konzerneinstandswert 450).	Warenertrag	Warenaufwand	600
2	Zwischengewinn aus Vorperiode	Gewinnreserven	Warenvorrat	16
3	Der Warenvorrat aus konzerninternen Lieferungen bei M beträgt Ende Jahr 100. Der Vorjahresbestand wurde vollständig an Konzernexterne verkauft.	Gewinn Bilanz	Warenvorrat	9
		Warenaufwand	Gewinn ER	9

Konsolidierungsjournal Ende 20_3

Nr.	Text	Soll	Haben	Betrag
1	T liefert M Waren für 1 000 (Konzerneinstandswert 800).	Warenertrag	Warenaufwand	1 000
2	Zwischengewinn aus Vorperiode	Gewinnreserven	Warenvorrat	25
3	Der Warenvorrat aus konzerninternen Lieferungen bei M beträgt Ende Jahr 190, davon 40 aus dem Vorjahresbestand.	Gewinn Bilanz	Warenvorrat	15
		Warenaufwand	Gewinn ER	15

Konsolidierungsjournal Ende 20_4

Nr.	Text	Soll	Haben	Betrag
1	T liefert M Waren für 300 (Konzerneinstandswert 200).	Warenertrag	Warenaufwand	300
2	Zwischengewinn aus Vorperiode	Gewinnreserven	Warenvorrat	40
3	Der Warenvorrat aus konzerninternen Lieferungen bei M beträgt Ende Jahr 100, davon 10 aus dem Vorjahresbestand.	Warenvorrat	Gewinn Bilanz	8
		Gewinn ER	Warenaufwand	8

Zwischengewinnberechnung

Ende 20_1	20% von 80	16
Ende 20_2	25% von 100	25
Ende 20_3	25% von 40 = 10 und 20% von 150 = 30	40
Ende 20_4	20% von 10 = 2 und 33,3% von 90 = 30	32

Folgekonsolidierung **12**

c) Konzerninterne Gewinnausschüttungen

12.40

a) Die Gewinnausschüttung von M erfolgte gegenüber Dritten und ist auch aus Sicht des Konzerns realisiert, weshalb keine Konsolidierungsbuchungen notwendig sind.

b)

Konsolidierungsjournal 20_3

Nr.	Text	Soll	Haben	Betrag
1	Elimination Gewinnausschüttung	Gewinn Bilanz	Gewinnreserven	20
		Beteiligungsertrag	Gewinn ER	20

c) Die früheren konzerninternen Gewinnausschüttungen verminderten die Gewinnreserven von T und erhöhten die Gewinnreserven von M. Da M und T für die Konzernrechnung summiert werden, kompensiert sich der Fehler.

Folgekonsolidierung **12**

d) Goodwill

12.60

a)

Konsolidierungsjournal Ende 20_1

Text	Soll	Haben	Betrag
Kapitalkonsolidierung	Aktienkapital	Beteiligung an T	100
	Kapitalreserven	Beteiligung an T	60
	Goodwill	Beteiligung an T	40
Goodwill-Abschreibung	Gewinn Bilanz	Goodwill	8
	Goodwill-Abschreibung	Gewinn ER	8

Konsolidierungsbogen Ende 20_1

Bilanz	M Aktiven	M Passiven	T Aktiven	T Passiven	Konsolidierung Soll	Konsolidierung Haben	Konzern Aktiven	Konzern Passiven
Diverse Aktiven	1 700		500				2 200	
Beteiligung an T	200					100 ♦ 60 ♦ 40		
Goodwill					40	8	32	
Fremdkapital		1 000		320				1 320
Aktienkapital		600		100	100			600
Kapitalreserven		80		60	60			80
Gewinnreserven		150		0				150
Gewinn		70		20	8			82
	1 900	1 900	500	500	208	208	2 232	2 232

Erfolgsrechnung	M Aufwand	M Ertrag	T Aufwand	T Ertrag	Konsolidierung Soll	Konsolidierung Haben	Konzern Aufwand	Konzern Ertrag
Warenertrag		4 000		1 500				5 500
Warenaufwand	3 000		1 000				4 000	
Goodwill-Abschreibung					8		8	
Übriger Aufwand	930		480				1 410	
Gewinn	70		20			8	82	
	4 000	4 000	1 500	1 500	8	8	5 500	5 500

Folgekonsolidierung 12 Lösung 12.60

b)
Konsolidierungsjournal Ende 20_2

Text	Soll	Haben	Betrag
Kapitalkonsolidierung	Aktienkapital	Beteiligung an T	100
	Kapitalreserven	Beteiligung an T	60
	Goodwill	Beteiligung an T	40
Anfangsbestand Goodwill-Abschreibung	Gewinnreserven	Goodwill	8
Goodwill-Abschreibung	Gewinn Bilanz	Goodwill	8
	Goodwill-Abschreibung	Gewinn ER	8
Gewinnausschüttung	Gewinn Bilanz	Gewinnreserven	10
	Beteiligungsertrag	Gewinn ER	10

Konsolidierungsbogen Ende 20_2

Bilanz	M Aktiven	M Passiven	T Aktiven	T Passiven	Konsolidierung Soll	Konsolidierung Haben	Konzern Aktiven	Konzern Passiven
Diverse Aktiven	1 800		550				2 350	
Beteiligung an T	200					100 ◆ 60 ◆ 40		
Goodwill					40	8 ◆ 8	24	
Fremdkapital		1 050		350				1 400
Aktienkapital		600		100	100			600
Kapitalreserven		80		60	60			80
Gewinnreserven		180		10	8	10		192
Gewinn		90		30	8 ◆ 10			102
	2 000	2 000	550	550	226	226	2 374	2 374

Erfolgsrechnung	M Aufwand	M Ertrag	T Aufwand	T Ertrag	Konsolidierung Soll	Konsolidierung Haben	Konzern Aufwand	Konzern Ertrag
Warenertrag		4 400		1 650				6 050
Beteiligungsertrag		10			10			
Warenaufwand	3 300		1 100				4 400	
Goodwill-Abschreibung					8		8	
Übriger Aufwand	1 020		520				1 540	
Gewinn	90		30			8 ◆ 10	102	
	4 410	4 410	1 650	1 650	18	18	6 050	6 050

Folgekonsolidierung 12

12.61
Konsolidierungsjournal Ende 20_5

Nr.	Text	Soll	Haben	Betrag
1	Das Eigenkapital von T betrug bei Erwerb: ▷ Aktienkapital 150 ▷ Kapitalreserven 50	Aktienkapital	Beteiligung an T	200
		Kapitalreserven	Beteiligung an T	70
		Goodwill	Beteiligung an T	40
2	Der Goodwill musste wertberichtigt werden: ▷ 20_3 um 14 ▷ 20_5 um 9	Gewinnreserven	Goodwill	14
		Gewinn Bilanz	Goodwill	9
		Goodwill-Abschreibung	Gewinn ER	9
3	T schüttete im laufenden Jahr eine Dividende von 10% aus.	Gewinn Bilanz	Gewinnreserven	20
		Finanzertrag	Gewinn ER	20
4	T lieferte an M Waren für 160 mit einer Bruttogewinnmarge von 25%. M verkaufte diese teilweise mit einem Bruttogewinnzuschlag von 20% weiter. Die Warenvorräte aus konzerninternen Lieferungen betrugen bei M: 24 (Ende 20_4), 28 (Ende 20_5).	Warenertrag	Warenaufwand	160
		Gewinnreserven	Warenvorrat	6
		Gewinn Bilanz	Warenvorrat	1
		Warenaufwand	Gewinn ER	1
5	M gewährte T im Jahr 20_3 ein zu 5% verzinsliches Darlehen. Zinstermin 30. April.	Passivdarlehen von M	Aktivdarlehen an T	60
		Finanzertrag	Finanzaufwand	3
		Transitorische Passiven	Transitorische Aktiven	2
6	Ausgleich der konzerninternen Debitoren und Kreditoren.	Kreditor T	Debitor M	7

Folgekonsolidierung — **12** Lösung 12.61

Konsolidierungsbogen Ende 20_5

Bilanz	M Aktiven	M Passiven	T Aktiven	T Passiven	Konsolidierung Soll	Konsolidierung Haben	Konzern Aktiven	Konzern Passiven
Diverse Aktiven	700		450				1 150	
Debitor M			7			7		
Transitorische Aktiven	8					2	6	
Warenvorrat	130		77			6 ♦ 1	200	
Aktivdarlehen an T	60					60		
Beteiligung an T	310					200 ♦ 70 ♦ 40		
Goodwill					40	14 ♦ 9	17	
Diverses Fremdkapital		426		155				581
Kreditor T		7			7			
Transitorische Passiven				4	2			2
Passivdarlehen von M				60	60			
Aktienkapital		400		200	200			400
Kapitalreserven		50		70	70			50
Gewinnreserven		215		32	14 ♦ 6	20		247
Gewinn		110		13	9 ♦ 20 ♦ 1			93
	1 208	1 208	534	534	429	429	1 373	1 373

Erfolgsrechnung	M Aufwand	M Ertrag	T Aufwand	T Ertrag	Konsolidierung Soll	Konsolidierung Haben	Konzern Aufwand	Konzern Ertrag
Warenertrag		2 700		920	160			3 460
Finanzertrag		38			20 ♦ 3			15
Warenaufwand	1 690		670		1	160	2 201	
Abschreibung Sachanlagen	65		44				109	
Goodwill-Abschreibung					9		9	
Finanzaufwand	18		11			3	26	
Diverser Aufwand	855		182				1 037	
Gewinn	110		13			9 ♦ 20 ♦ 1	93	
	2 738	2 738	920	920	193	193	3 475	3 475

12.62

IFRS

	20_1	20_2	20_3	20_4	20_5
Konzern-Gewinn	220	220	220	220	220
Konzern-Eigenkapital Ende Jahr	2 020	2 040	2 060	2 080	2 100
Konzern-Eigenkapitalrendite (1 Dezimale)	10,9%	10,8%	10,7%	10,6%	10,5%

Swiss GAAP FER: Benchmark

	20_1	20_2	20_3	20_4	20_5
Konzern-Gewinn	170	170	170	170	170
Konzern-Eigenkapital Ende Jahr	1 970	1 940	1 910	1 880	1 850
Konzern-Eigenkapitalrendite (1 Dezimale)	8,6%	8,8%	8,9%	9,0%	9,2%

Swiss GAAP FER: Alternative

	20_1	20_2	20_3	20_4	20_5
Konzern-Gewinn	220	220	220	220	220
Konzern-Eigenkapital Ende Jahr	1 770	1 790	1 810	1 830	1 850
Konzern-Eigenkapitalrendite (1 Dezimale)	12,4%	12,3%	12,2%	12,0%	11,9%

Kommentar

▷ Der Impairment-only-Ansatz von IFRS lässt sich mit der nicht bestimmbaren Nutzungsdauer und der damit verbundenen Unmöglichkeit einer systematischen Abschreibung betriebswirtschaftlich logisch begründen.

In der Praxis ist der Konzerngewinn nach diesem Konzept in der Regel (wie im obigen Beispiel) deutlich höher als bei einer Goodwill-Abschreibung.

Beim Vorliegen einer Wertbeeinträchtigung sind die Goodwill-Abschreibungen indes meist beträchtlich, wodurch mehr Volatilität (Erfolgsschwankungen von Periode zu Periode) entsteht.

▷ Das von Swiss GAAP FER bevorzugte Konzept der systematischen Goodwill-Abschreibung (meist linear auf fünf Jahre, ausnahmsweise bis 20 Jahre) überzeugt durch Einfachheit und Klarheit. Ausserdem kann das nach IFRS latente Impairment-Risiko stark vermindert werden.

Während der Jahre mit Goodwill-Abschreibung sinken die Gewinne und die Eigenkapitalrendite oft deutlich.

▷ Die nach Swiss GAAP FER alternativ erlaubte Methode der Verrechnung des Goodwills mit dem Eigenkapital ist aus Sicht einer Rechnungslegung nach True-and-fair-View-Grundsätzen abzulehnen.

Die Verrechnung stellt eine erfolgsneutrale Abschreibung des Goodwills dar, was zu überhöhten Gewinnausweisen führt. Da gleichzeitig das Eigenkapital reduziert wird, entsteht eine massiv zu hohe Eigenkapitalrendite, was eine fundierte Erfolgsanalyse verunmöglicht.

Diese schwere Verzerrung versucht Swiss GAAP FER mit der Pflicht zur Offenlegung einer Schattenrechnung im Anhang zu korrigieren, welche die Auswirkungen einer theoretischen Aktivierung mit Goodwill-Abschreibung ausweist. Allerdings zeigt die Praxis, dass die meisten Adressaten des Geschäftsberichts den Anhang nicht lesen (können).

Folgekonsolidierung 12

12.63

Konsolidierungsjournal Ende 20_4

Nr.	Text	Soll	Haben	Betrag
1	Der Goodwill musste wertberichtigt werden: ▷ 20_3 um 5 ▷ 20_4 um 7	Gewinnreserven	Goodwill	5
		Gewinn Bilanz	Goodwill	7
		(Goodwill-)Abschreibung	Gewinn ER	7
2	T schüttete im laufenden Jahr eine Dividende von 14 aus und im Vorjahr eine solche von 11.	Gewinn Bilanz	Gewinnreserven	14
		Beteiligungsertrag	Gewinn ER	14
3	M lieferte T Handelswaren für 80 mit einer Bruttomarge von 25%. Die Waren sind zum Weiterverkauf an Dritte mit einem Bruttogewinnzuschlag von 30% bestimmt. Der Warenvorrat aus IC-Lieferungen betrug bei T 20 (Anfang 20_4) bzw. 16 (Ende 20_4).	Warenertrag	Warenaufwand	80
		Gewinnreserven	Warenvorrat	5
		Warenvorrat	Gewinn Bilanz	1
		Gewinn ER	Warenaufwand	1
4	T lieferte M Fabrikate für 150 (Konzernherstellkosten 120), die M bis auf die Lagerveränderung als Handelswaren mit einer Bruttogewinnmarge von 33,33% an Dritte weiterverkaufte. Die Warenvorräte aus konzerninternen Lieferungen betrugen bei M: 30 (Ende 20_5), 40 (Ende 20_6).	Fabrikateertrag	Warenaufwand	150
		Warenertrag	Fabrikateertrag	①210
		Gewinnreserven	Warenvorrat	30
		Fabrikatevorrat	Gewinnreserven	24
		Gewinn Bilanz	Warenvorrat	10
		Warenaufwand	Gewinn ER	10
		Fabrikatevorrat	Gewinn Bilanz	8
		Gewinn ER	Bestandesänderung	8
5	T lieferte M Anfang 20_1 eine selbst hergestellte Anlage für 100 (Konzernherstellkosten 70). Die indirekte Abschreibung erfolgt linear über 10 Jahre.	Gewinnreserven	Sachanlagen	30
		WB Sachanlagen	Gewinnreserven	9
		WB Sachanlagen	Gewinn Bilanz	3
		Gewinn ER	Abschreibungen	3
6	M lieferte T Anfang 20_4 eine selbst hergestellte Anlage für 60 (Konzernherstellkosten 50). Die indirekte Abschreibung erfolgt linear über 5 Jahre.	Gewinn Bilanz	Sachanlagen	60
		Fabrikateertrag	Gewinn ER	60
		Sachanlagen	Gewinn Bilanz	50
		Gewinn ER	Ertrag Eigenleistung	50
		WB Sachanlagen	Gewinn Bilanz	2
		Gewinn ER	Abschreibungen	2

① (Einkauf 150 − Lagerzunahme 10) : 2 • 3 = 210

12 Folgekonsolidierung

12.64

Konsolidierungsjournal Ende 20_6

Nr.	Text	Soll	Haben	Betrag
1	Das Eigenkapital von T betrug bei Erwerb: ▷ Aktienkapital 120 ▷ Kapitalreserven 60	Aktienkapital	Beteiligung an T	140
		Kapitalreserven	Beteiligung an T	70
		Goodwill	Beteiligung an T	14
2	Der Goodwill musste wertberichtigt werden: ▷ 20_2 um 7 ▷ 20_6 um 4	Gewinnreserven	Goodwill	7
		Gewinn Bilanz	Goodwill	4
		Goodwill-Abschreibung	Gewinn ER	4
3	T schüttete im laufenden Jahr eine Dividende von 13 aus.	Gewinn Bilanz	Gewinnreserven	13
		Beteiligungsertrag	Gewinn ER	13
4	M lieferte T Fabrikate für 220 (Konzernherstellkosten 176), die T grundsätzlich als Handelswaren mit der gleichen Marge wie bei Dritten weiterverkauft. Die Warenvorräte aus konzerninternen Lieferungen betrugen bei T: 60 (Ende 20_5), 40 (Ende 20_6).	Fabrikateertrag	Warenaufwand	220
		Warenertrag	Fabrikateertrag	①360
		Gewinnreserven	Warenvorrat	60
		Fabrikatevorrat	Gewinnreserven	48
		Warenvorrat	Gewinn Bilanz	20
		Gewinn ER	Warenaufwand	20
		Gewinn Bilanz	Fabrikatevorrat	16
		Bestandesänderung	Gewinn ER	16
5	M lieferte T Anfang 20_4 eine selbst hergestellte Anlage für 90 (Konzernherstellkosten 60). Die indirekte Abschreibung erfolgt linear über 6 Jahre.	Gewinnreserven	Sachanlagen	30
		WB Sachanlagen	Gewinnreserven	10
		WB Sachanlagen	Gewinn Bilanz	5
		Gewinn ER	Abschreibungen	5
6	M lieferte T Anfang 20_6 eine selbst hergestellte Anlage für 50 (Konzernherstellkosten 40). Die indirekte Abschreibung erfolgt linear über 5 Jahre.	Gewinn Bilanz	Sachanlagen	50
		Fabrikateertrag	Gewinn ER	50
		Sachanlagen	Gewinn Bilanz	40
		Gewinn ER	Ertrag Eigenleistung	40
		WB Sachanlagen	Gewinn Bilanz	2
		Gewinn ER	Abschreibungen	2

---

① $(220 + 20) \cdot (1\,200 : 800) = 360$

Folgekonsolidierung — **12** — Lösung 12.64

Konsolidierungsbogen Ende 20_6

Bilanz	M Soll	M Haben	T Soll	T Haben	Konsolidierung Soll	Konsolidierung Haben	Konzern Soll	Konzern Haben
Diverse Aktiven	700		190				890	
Fabrikatevorrat	290				48	16	322	
Warenvorrat			130		20	60	90	
Sachanlagen	600		300		40	30 ◆ 50	860	
WB Sachanlagen		140		70	10 ◆ 5 ◆ 2			193
Beteiligung an T	224					140 ◆ 70 ◆ 14		
Goodwill					14	7 ◆ 4	3	
Diverses Fremdkapital		589		321				910
Aktienkapital		600		140	140			600
Kapitalreserven		45		70	70			45
Gewinnreserven		385		17	7 ◆ 60 ◆ 30 ◆	13 ◆ 48 ◆ 10		376
Gewinn		55		2	4 ◆ 13 ◆ 16 ◆ 50	20 ◆ 5 ◆ 40 ◆ 2		41
	1 814	1 814	620	620	529	529	2 165	2 165

ER	M Aufwand	M Ertrag	T Aufwand	T Ertrag	Konsolidierung Soll	Konsolidierung Haben	Konzern Aufwand	Konzern Ertrag
Fabrikateertrag		2 000			220 ◆ 50	360		2 090
Bestandesänderung		70			16			54
Ertrag Eigenleistung		34				40		74
Warenertrag				1 200	360			840
Beteiligungsertrag		13			13			
Warenaufwand			800			220 ◆ 20	560	
Materialaufwand	795						795	
Abschreibungen	95		55			5 ◆ 2	143	
Goodwill-Abschreibung					4		4	
Diverser Aufwand	1 172		343				1 515	
Gewinn	55		2		20 ◆ 5 ◆ 40 ◆ 2	4 ◆ 13 ◆ 16 ◆ 50	41	
	2 117	2 117	1 200	1 200	730	730	3 058	3 058

12.65

a) Der Goodwill ist der Teil des Kaufpreises einer Beteiligung, welcher den tatsächlichen Wert der Nettoaktiven der Tochter übersteigt.

b)

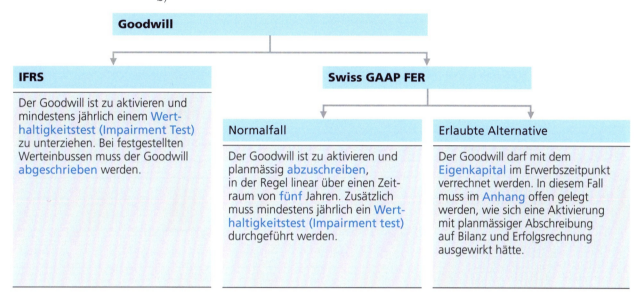

c)

Konsolidierungsjournal Ende 20_3

Nr.	Text	Soll	Haben	Betrag
1	Kapitalkonsolidierung	Aktienkapital	Beteiligung an T	100
		Kapitalreserven	Beteiligung an T	90
		Goodwill	Beteiligung an T	10
2	Abschreibung Goodwill	Gewinnreserven	Goodwill	4
		Gewinn Bilanz	Goodwill	2
		Goodwill-Abschreibung	Gewinn ER	2

d) Da der Goodwill keine bestimmte Nutzungsdauer aufweist, lässt er sich nicht planmässig über eine feste Nutzungsdauer abschreiben.

e) Erstens stellt die Verrechnung eine erfolgsneutrale Abschreibung des Goodwills dar, was zu überhöhten Gewinnausweisen führt. Zweitens wird ein zu tiefes Eigenkapital ausgewiesen, was eine fundierte Analyse der Eigenkapitalrendite verunmöglicht.

Folgekonsolidierung 12

12.66

Konsolidierungsjournal Ende 20_3

Nr.	Text	Soll	Haben	Betrag
1	Anfang 20_1 kaufte M sämtliche Aktien von T für 150. Das Eigenkapital von T betrug im Erwerbszeitpunkt 165 (Aktienkapital 100, Kapitalreserven 65).	Aktienkapital	Beteiligung an T	100
		Kapitalreserven	Beteiligung an T	65
		Beteiligung an T	Gewinnreserven	①15
2	T schüttete im laufenden Jahr eine Dividende von 15 aus, im Vorjahr 20.	Gewinn Bilanz	Gewinnreserven	15
		Beteiligungsertrag	Gewinn ER	15
3	M gewährte T vor zwei Jahren ein jeweils am 31. März zu 4% verzinsliches Darlehen von 100.	Passivdarlehen von M	Aktivdarlehen an T	100
		Finanzertrag	Finanzaufwand	4
		Transitorische Passiven	Transitorische Aktiven	3
4	T lieferte M Anfang 20_2 eine selbst hergestellte Anlage für 120 (Konzernherstellkosten 90). Die indirekte Abschreibung erfolgt linear über vier Jahre im Einzelabschluss, über sechs Jahre im Konzernabschluss.	Gewinnreserven	Sachanlagen	30
		WB Sachanlagen	Gewinnreserven	15
		WB Sachanlagen	Gewinn Bilanz	15
		Gewinn ER	Abschreibungen	15
5	T lieferte M im Jahr 20_3 Fabrikate im Fakturawert von 200 (Konzernherstellkosten 150). M verkaufte einen Teil davon als Waren mit einem Bruttogewinnzuschlag von 40% zum Fakturawert von 252 an Dritte weiter. Die Warenvorräte aus konzerninternen Lieferungen betrugen bei M Anfang Jahr 40.	Fabrikateertrag	Warenaufwand	200
		Warenertrag	Fabrikateertrag	252
		Gewinnreserven	Warenvorrat	40
		Fabrikatevorrat	Gewinnreserven	30
		Gewinn Bilanz	Warenvorrat	①20
		Warenaufwand	Gewinn ER	20
		Fabrikatevorrat	Gewinn Bilanz	15
		Gewinn ER	Bestandesänderung	15
6	M lieferte T Handelswaren im Fakturawert von 60 mit einem Bruttogewinnzuschlag von 20%. Der Warenvorrat aus IC-Lieferungen betrug bei T 24 (Anfang 20_3) bzw. 18 (Ende 20_3).	Warenertrag	Warenaufwand	60
		Gewinnreserven	Warenvorrat	4
		Warenvorrat	Gewinn Bilanz	1
		Gewinn ER	Warenaufwand	1

---

① Der negative Goodwill (Bargain Purchase) wurde im Erwerbszeitpunkt als Gewinn aus Beteiligungserwerb erfasst, was zu einer Erhöhung der Gewinnreserven in den Folgejahren führt.

②
	Warenertrag	140%	252
./.	Bruttogewinn	– 40%	– 72
=	Warenaufwand	100%	180

Vorratszunahme = Wareneinkauf 200 ./. Warenaufwand 180 = 20

13

Handelsbilanz 1 und 2

13.01

a)

Bereinigungstabelle für T per Anfang 20_1 (Erwerbszeitpunkt)

	HB 1 Soll	Haben	Bereinigung Soll	Haben	HB 2 Soll	Haben
Diverse Aktiven	150				150	
Warenvorrat	70		35		105	
Immobilien	160		20		180	
./. WB Immobilien		60	60			
Patente			40		40	
Fremdkapital		140		5		145
Aktienkapital		100				100
Gesetzliche Reserven		50	50			
Freie Reserven		30	30			
Kapitalreserven①			5	35 ◆ 20		230
				60 ◆ 40		
				50 ◆ 30		
	380	380	240	240	475	475

b) Aufgrund der bereinigten Bilanz (HB 2) lässt sich der von M bezahlte Goodwill berechnen:

Goodwill

Aktienkapital von T	–100
Kapitalreserven von T	–230
Eigenkapital von T	–330
Kaufpreis von M	350
Goodwill	**20**

c) Ohne die Neubewertung wäre das Eigenkapital der Tochter um 150 tiefer, sodass der Goodwill 170 betrüge.

Damit wird die Absicht der Standard-Setzer sichtbar: Durch die Neubewertung im Rahmen der Purchase Price Allocation soll der Goodwill als nicht fassbare, schwer erklärbare Saldogrösse auf ein Minimum reduziert werden.

---

① Aus Platzgründen werden die Kapitalreserven in den folgenden Bereinigungen als Sammelbuchungen erfasst:
▷ Neubewertungen = 35 + 20 + 60 + 40 – 5 = 150
▷ Reservenumgliederungen = 30 + 50 = 80

Handelsbilanz 1 und 2   Lösung 13.01

d)
Bereinigungstabelle für T per Ende 20_1

Bilanz	HB 1 Soll	HB 1 Haben	Bereinigung im Erwerbszeitpunkt Soll	Bereinigung im Erwerbszeitpunkt Haben	Bereinigung 20_1 Soll	Bereinigung 20_1 Haben	HB 2 Soll	HB 2 Haben
Diverse Aktiven	170						170	
Warenvorrat	90		35			10	135	
Immobilien	160		20				180	
./. WB Immobilien		64	60			2		6
Patente			40			8	32	
Fremdkapital		156		5	5			156
Aktienkapital		100						100
Gesetzliche Reserven		50	50					
Freie Reserven		30	30					
Kapitalreserven				150 ◆ 80				230
Gewinn Bilanz		20			2 ◆ 8	10 ◆ 5		25
	420	420	235	235	25	25	517	517

ER	HB 1 Soll	HB 1 Haben			Bereinigung 20_1 Soll	Bereinigung 20_1 Haben	HB 2 Soll	HB 2 Haben
Warenertrag		1 400						1 400
Warenaufwand	920					10	910	
Personalaufwand	220					5	215	
Abschreibungen	30				2 ◆ 8		40	
Diverser Aufwand	210						210	
Gewinn ER	20				10 ◆ 5	2 ◆ 8	25	
	1 400	1 400			25	25	1 400	1 400

54

Handelsbilanz 1 und 2 — **13** — Lösung 13.01

e)

Bereinigungstabelle für T per Ende 20_2

Bilanz	HB 1 Soll	HB 1 Haben	Bereinigung im Erwerbszeitpunkt Soll	Bereinigung im Erwerbszeitpunkt Haben	Bereinigung 20_1 (Vorjahr) Soll	Bereinigung 20_1 (Vorjahr) Haben	Bereinigung 20_2 Soll	Bereinigung 20_2 Haben	HB 2 Soll	HB 2 Haben
Diverse Aktiven	180								180	
Warenvorrat	100		35		10		5		150	
Immobilien	160		20						180	
./. WB Immobilien		68	60			2		2		12
Patente			40			8		8	24	
Fremdkapital		132		5	5					132
Aktienkapital		100								100
Gesetzliche Reserven		50	50							
Freie Reserven		50	30		20					
Kapitalreserven				150 ♦ 80						230
Gewinnreserven①						20				25
					2 ♦ 8	10 ♦ 5				
Gewinn Bilanz		40					2 ♦ 8	5		35
	440	440	235	235	45	45	15	15	534	534

ER	HB 1 Soll	HB 1 Haben	Bereinigung 20_2 Soll	Bereinigung 20_2 Haben	HB 2 Soll	HB 2 Haben
Warenertrag		1 700				1 700
Warenaufwand	1 100			5	1 095	
Personalaufwand	250				250	
Abschreibungen	35		2 ♦ 8		45	
Diverser Aufwand	275				275	
Gewinn ER	40		5	2 ♦ 8	35	
	1 700	1 700	15	15	1 700	1 700

① Der von der Tochter thesaurierte Gewinn aus dem Vorjahr von 20 führte in der HB 1 zur Bildung von freien Reserven. Aus Konzernsicht handelt es sich um Gewinnreserven.

Die im Vorjahr erfolgswirksamen Bereinigungen von insgesamt 5 (10 + 5 − 2 − 8) sind für das laufende Jahr erfolgsneutral über die Gewinnreserven nachzuführen.

13.02

a)

Bereinigungstabelle von T per 01. 01. 20_1 (im Erwerbszeitpunkt)

	HB 1 Soll	Haben	Bereinigung Soll	Haben	HB 2 Soll	Haben
Diverse Aktiven	270				270	
Warenvorrat	100		50		150	
Immobilien	280		120		400	
WB Immobilien		98	98			
Patent			60		60	
Diverses Fremdkapital		210				210
Rückstellungen		12	2			10
Aktienkapital		200				200
Gesetzliche Reserven		60	60			
Freie Reserven		70	70			
Kapitalreserven				① 330 ◆ 130		460
	650	650	460	460	880	880

---

① Um die Übersichtlichkeit zu erhöhen, wurden die Kapitalreserven im Sinne von Sammelbuchungen zusammengefasst:
▷ Neubewertung = 50 + 120 + 98 + 60 + 2 = 330
▷ Reservenumgliederung = 60 + 70 = 130

Handelsbilanz 1 und 2 — Lösung 13.02

b)

Bereinigungstabelle per 31. 12. 20_1

Bilanz	HB 1 Soll	HB 1 Haben	Bereinigung Soll	Bereinigung Haben	HB 2 Soll	HB 2 Haben
Diverse Aktiven	310				310	
Warenvorrat	60		50	20	90	
Immobilien	280		120		400	
WB Immobilien		105	98	3		10
Patent			60	10	50	
Diverses Fremdkapital		164				164
Rückstellungen		18	2 ◆ 1			15
Aktienkapital		200				200
Gesetzliche Reserven		60	60			
Freie Reserven		70	70			
Kapitalreserven				330 ◆ 130		460
Gewinnreserven						
Gewinn Bilanz		33	20 ◆ 3 ◆ 10	1		1
	650	650	494	494	850	850

Erfolgsrechnung	HB 1 Soll	HB 1 Haben	Bereinigung Soll	Bereinigung Haben	HB 2 Soll	HB 2 Haben
Warenertrag		1 500				1 500
Warenaufwand	900		20		920	
Abschreibungen	45		3 ◆ 10		58	
Bildung Rückstellungen	6			1	5	
Diverser Aufwand	516				516	
Gewinn ER	33		1	20 ◆ 3 ◆ 10	1	
	1 500	1 500	34	34	1 500	1 500

Handelsbilanz 1 und 2 — **13** — Lösung 13.02

c)
Konsolidierungsbogen per 31. 12. 20_1

Bilanzen	M (HB 2) Soll	Haben	T (HB 2) Soll	Haben	Konsolidierung Soll	Haben	Konzern Soll	Haben
Diverse Aktiven	900		310				1 210	
Warenvorrat	500		90			7	583	
Immobilien	800		400				1 200	
WB Immobilien		440		10				450
Beteiligung an T	700					200 ♦ 460 ♦ 40		
Patent			50				50	
Goodwill					40	8	32	
Diverses Fremdkapital		760		164				924
Rückstellungen		40		15				55
Aktienkapital		900		200	200			900
Kapitalreserven		250		460	460			250
Gewinnreserven		350						350
Gewinn Bilanz		160		1	7 ♦ 8			146
	2 900	2 900	850	850	715	715	3 075	3 075

Erfolgsrechnungen	M (HB 2) Soll	Haben	T (HB 2) Soll	Haben	Konsolidierung Soll	Haben	Konzern Soll	Haben
Warenertrag		6 000		1 500	300			7 200
Warenaufwand	4 500		920		7	300	5 127	
Abschreibungen	150		58				208	
Goodwill-Abschreibung					8		8	
Bildung Rückstellungen	10		5				15	
Diverser Aufwand	1 180		516				1 696	
Gewinn ER	160		1			7 ♦ 8	146	
	6 000	6 000	1 500	1 500	315	315	7 200	7 200

Handelsbilanz 1 und 2 — Lösung 13.02

d)

Bereinigungstabelle per 31. 12. 20_2

Bilanz	HB 1 Soll	HB 1 Haben	Bereinigung Soll	Bereinigung Haben	HB 2 Soll	HB 2 Haben
Diverse Aktiven	421				421	
Warenvorrat	68		50 ◆ 4	20	102	
Immobilien	280		120		400	
WB Immobilien		112	98	3 ◆ 3		20
Patent			60	10 ◆ 10	40	
Diverses Fremdkapital		240				240
Rückstellungen		24	2 ◆ 1 ◆ 1			20
Aktienkapital		200				200
Gesetzliche Reserven		73	60 ◆ 13			
Freie Reserven		80	70 ◆ 10			
Kapitalreserven				330 ◆ 130		460
Gewinnreserven			20 ◆ 3 ◆ 10	1 ◆ 13 ◆ 10		9
Gewinn Bilanz		40	3 ◆ 10	4 ◆ 1		32
	769	769	535	535	972	972

Erfolgsrechnung	HB 1 Soll	HB 1 Haben	Bereinigung Soll	Bereinigung Haben	HB 2 Soll	HB 2 Haben
Warenertrag		1 600				1 600
Warenaufwand	960			4	956	
Abschreibungen	50		3 ◆ 10		63	
Bildung Rückstellungen	6			1	5	
Diverser Aufwand	544				544	
Gewinn ER	40		4 ◆ 1	3 ◆ 10	32	
	1 600	1 600	18	18	1 600	1 600

Handelsbilanz 1 und 2 — **13** — Lösung 13.02

e)
Konsolidierungsbogen per 31. 12. 20_2

Bilanzen	M (HB 2) Soll	Haben	T (HB 2) Soll	Haben	Konsolidierung Soll	Haben	Konzern Soll	Haben
Diverse Aktiven	950		421				1 371	
Warenvorrat	510		102		3	7	608	
Immobilien	800		400				1 200	
WB Immobilien		460		20				480
Beteiligung an T	700					200 ◆ 460 ◆ 40		
Patent			40				40	
Goodwill					40	8 ◆ 8	24	
Diverses Fremdkapital		706		240				946
Rückstellungen		44		20				64
Aktienkapital		900		200	200			900
Kapitalreserven		250		460	460			250
Gewinnreserven		430	9		7 ◆ 8	10		416
Gewinn Bilanz		170		32	8 ◆ 10	3		187
	2 960	2 960	972	972	736	736	3 243	3 243

Erfolgsrechnungen	M (HB 2) Soll	Haben	T (HB 2) Soll	Haben	Konsolidierung Soll	Haben	Konzern Soll	Haben
Warenertrag		6 400		1 600	240			7 760
Warenaufwand	4 800		956			240 ◆ 3	5 513	
Finanzertrag		10			10			
Abschreibungen	160		63				223	
Goodwill-Abschreibung					8		8	
Bildung Rückstellungen	4		5				9	
Diverser Aufwand	1 276		544				1 820	
Gewinn ER	170		32		3	8 ◆ 10	187	
	6 410	6 410	1 600	1 600	261	261	7 760	7 760

13.03

a)

Goodwill

Aktienkapital von T	−100
Neubewertungsreserven bei T (20 + 40 + 90 + 40 + 10)	−200
Reservenumbuchung bei T (12 + 22 + 26)	− 60
Eigenkapital von T	−360
Kaufpreis von M	390
Goodwill	**30**

Kapitalreserven = 260

b)

Bewertungsdifferenzen

	Erwerb 1.1.20_1	Δ bis Ende 20_2	Ende 20_2	Δ 20_3	Ende 20_3
Vorräte	20	10	30	− 5	25
Immobilien	40		40		40
WB Immobilien	90	− 2	88	− 1	87
Patent	40	−16	24	− 8	16
Garantierückstellungen	10	− 1	9	3	12
Total	**200**	**− 9**	**191**	**−11**	**180**
	Kapitalreserven	Gewinnreserven		Gewinn	

Handelsbilanz 1 und 2 — 13 — Lösung 13.03

c)

Bereinigungstabelle von T per 31. 12. 20_3

Bilanz	HB 1 Soll	HB 1 Haben	Bereinigung Soll	Bereinigung Haben	HB 2 Soll	HB 2 Haben
Diverse Aktiven	230				230	
Vorräte	50		20 ◆ 10	5	75	
Immobilien	240		40		280	
./. WB Immobilien		108	90	2 ◆ 1		21
Patent			40	16 ◆ 8	16	
Fremdkapital (inkl. Rückstellungen)		107	10 ◆ 3	1		95
Aktienkapital		200				200
Agio-Reserven		18	12 ◆ 6			
Übrige gesetzliche Reserven		29	22 ◆ 7			
Freie Reserven inkl. Gewinnvortrag		39	26 ◆ 13			
Kapitalreserven				200 ◆ 60 ◆ 6		266
Gewinnreserven			2 ◆ 16 ◆ 1	10 ◆ 7 ◆ 13		11
Gewinn Bilanz		19	5 ◆ 1 ◆ 8	3		8
	520	520	332	332	601	601

Erfolgsrechnung	HB 1 Soll	HB 1 Haben	Bereinigung Soll	Bereinigung Haben	HB 2 Soll	HB 2 Haben
Warenertrag		1 200		3		1 203
Warenaufwand	900		5		905	
Abschreibungen	30		1 ◆ 8		39	
Diverser Aufwand	251				251	
Gewinn ER	19		3	5 ◆ 1 ◆ 8	8	
	1 200	1 200	17	17	1 203	1203

Handelsbilanz 1 und 2 — 13

13.04

Nr.	Aussage	Richtig	Begründung bei falscher Aussage
1	Das von der Konsolidierungsstelle eines Konzerns erstellte Konsolidierungshandbuch enthält detaillierte Anweisungen zu Verbuchungen von Geschäftsfällen, zum zeitlichen Ablauf der Konsolidierung sowie zur Gliederung und Bewertung der Abschlussrechnungen.	X	
2	Die HB 2 basiert vor allem auf der im betreffenden Land geltenden Handels- und Steuergesetzgebung.		Die Handelsbilanz 2 wird auf der Grundlage von konzerninternen einheitlichen Richtlinien nach True and fair view erstellt. Basis bilden meist Regelwerke wie IFRS, US GAAP oder Swiss GAAP FER.
3	In der HB 1 werden die Reserven in Kapital- und Gewinnreserven gegliedert.		Die Gliederung in Kapital- und Gewinnreserven ergibt sich erst nach der Bereinigung in der HB 2 oder bei der Konsolidierung.
4	Auf den Erwerbszeitpunkt einer Tochter ist eine HB 2 zu erstellen. Dabei werden allenfalls bisher nicht bilanzierte immaterielle Vermögenswerte identifiziert und bewertet.	X	
5	Der Goodwill ist der Überschuss des Kaufpreises über die erworbenen Nettoaktiven gemäss HB 1.		Der Goodwill ist der Teil des Kaufpreises, welcher den tatsächlichen Wert der Nettoaktiven gemäss HB 2 übersteigt.
6	Immaterielle Vermögenswerte ohne bestimmte Nutzungsdauer sind mindestens einmal jährlich auf deren Werthaltigkeit zu prüfen (Impairment Test). Festgestellte Wertverminderungen sind als Aufwand zu erfassen (Impairment Loss).	X	
7	Eine früher vorgenommene Impairment-Abschreibung auf Goodwill darf später durch Zuschreibung wieder rückgängig gemacht werden (Reversal), wenn die Wertbeeinträchtigung nicht mehr gegeben ist.		Impairment Losses können grundsätzlich rückgängig gemacht werden, ausser beim Goodwill.
8	Für mögliche spätere Restrukturierungen sind beim Erwerb einer Tochter im Zweifelsfalle genügend Rückstellungen zu bilden, auch wenn konkrete Massnahmen noch nicht beschlossen worden sind.		Restrukturierungsrückstellungen sind nur zu bilden, wenn bei der Tochter im Erwerbszeitpunkt schon eine konkrete Schuld besteht. Rückstellungen für mögliche künftige Aufwände sind verboten.

13.05

a)

Bereinigungstabelle von T per 01. 01. 20_1 (Erwerbszeitpunkt)

	HB 1		Bereinigung		HB 2	
	Soll	Haben	Soll	Haben	Soll	Haben
Diverse Aktiven	210				210	
Fabrikatevorrat	50		15		65	
Maschinen	110				110	
./. WB Maschinen		0				0
Immobilien	240		60		300	
./. WB Immobilien		90	90			
Patent			80		80	
Fremdkapital		180				180
Aktienkapital		200				200
Gesetzliche Reserven		80	80			
Freie Reserven		60	60			
Kapitalreserven				245 ♦ 140		385
	610	610	385	385	765	765

Handelsbilanz 1 und 2 — Lösung 13.05

b)

Bereinigungstabelle per Ende 20_1

Bilanz	HB 1 Soll	HB 1 Haben	Bereinigung Soll	Bereinigung Haben	HB 2 Soll	HB 2 Haben
Diverse Aktiven	230				230	
Fabrikatevorrat	70		15	15	70	
Maschinen	170				170	
./. WB Maschinen		20				20
Immobilien	240		60		300	
./. WB Immobilien		96	90	4		10
Patent			80	16	64	
Fremdkapital		212				212
Aktienkapital		200				200
Gesetzliche Reserven		80	80			
Freie Reserven		60	60			
Kapitalreserven				245 ♦ 140		385
Gewinn Bilanz		42	15 ♦ 4 ♦ 16			7
	710	710	420	420	834	834

Erfolgsrechnung	HB 1 Soll	HB 1 Haben	Bereinigung Soll	Bereinigung Haben	HB 2 Soll	HB 2 Haben
Fabrikateertrag		900				900
Bestandesänderungen		20	15			5
Ertrag Eigenleistungen		30				30
Diverser Aufwand	868				868	
Abschreibungen	40		4 ♦ 16		60	
Gewinn ER	42			15 ♦ 4 ♦ 16	7	
	950	950	35	35	935	935

Handelsbilanz 1 und 2 — **13** Lösung 13.05

c)
Konsolidierungsbogen per Ende 20_1

Bilanzen	M (HB 2) Soll	M (HB 2) Haben	T (HB 2) Soll	T (HB 2) Haben	Konsolidierung Soll	Konsolidierung Haben	Konzern Soll	Konzern Haben
Diverse Aktiven	1 000		230				1 230	
Warenvorrat	500					40	460	
Fabrikatevorrat			70		30		100	
Maschinen	200		170		50	60	360	
./. WB Maschinen		110		20	2			128
Immobilien	1 400		300				1 700	
./. WB Immobilien		400		10				410
Beteiligung an T	700					200 ♦ 385 ♦ 115		
Patent			64				64	
Goodwill					115	23	92	
Fremdkapital		1 400		212				1 612
Aktienkapital		1 000		200	200			1 000
Kapitalreserven		160		385	385			160
Gewinnreserven		500						500
Gewinn Bilanz		230		7	40 ♦ 60 ♦ 23	30 ♦ 50 ♦ 2		196
	3 800	3 800	834	834	905	905	4 006	4 006

Erfolgsrechnungen	M (HB 2) Soll	M (HB 2) Haben	T (HB 2) Soll	T (HB 2) Haben	Konsolidierung Soll	Konsolidierung Haben	Konzern Soll	Konzern Haben
Warenertrag		7 000			96			6 904
Fabrikateertrag				900	120 ♦ 60	96		816
Bestandesänderungen				5		30		35
Ertrag Eigenleistungen				30		50		80
Diverser Aufwand	1 590		868				2 458	
Warenaufwand	5 000				40	120	4 920	
Abschreibungen	180		60			2	238	
Goodwill-Abschreibung					23		23	
Gewinn ER		230		7	30 ♦ 50 ♦ 2	40 ♦ 60 ♦ 23	196	
	7 000	7 000	935	935	421	421	7 835	7 835

Handelsbilanz 1 und 2 Lösung 13.05

d)
Bereinigungstabelle per Ende 20_2

Bilanz	HB 1 Soll	HB 1 Haben	Bereinigung Soll	Bereinigung Haben	HB 2 Soll	HB 2 Haben
Diverse Aktiven	260				260	
Fabrikatevorrat	80		15	15	80	
Maschinen	220				220	
./. WB Maschinen		35				35
Immobilien	240		60		300	
./. WB Immobilien		102	90	4 ♦ 4		20
Patent			80	16 ♦ 16	48	
Fremdkapital		247				247
Aktienkapital		200				200
Gesetzliche Reserven		85	80 ♦ 5			
Freie Reserven		75	60 ♦ 15			
Kapitalreserven				245 ♦ 140		385
Gewinnreserven			15 ♦ 4 ♦ 16	5 ♦ 15		15
Gewinn Bilanz		56		4 ♦ 16		36
	800	800	460	460	923	923

Erfolgsrechnung	HB 1 Soll	HB 1 Haben	Bereinigung Soll	Bereinigung Haben	HB 2 Soll	HB 2 Haben
Fabrikateertrag		1 000				1 000
Bestandesänderungen		10				10
Ertrag Eigenleistungen		40				40
Diverser Aufwand	949				949	
Abschreibungen	45		4 ♦ 16		65	
Gewinn ER	56			4 ♦ 16	36	
	1 050	1 050	20	20	1 050	1 050

67

Handelsbilanz 1 und 2 — Lösung 13.05

e)
Konsolidierungsbogen per Ende 20_2

Bilanzen	M (HB 2) Soll	M (HB 2) Haben	T (HB 2) Soll	T (HB 2) Haben	Konsolidierung Soll	Konsolidierung Haben	Konzern Soll	Konzern Haben
Diverse Aktiven	1 100		260				1 360	
Warenvorrat	550					40 ◆ 20	490	
Fabrikatevorrat			80		30 ◆ 15		125	
Maschinen	210		220			10	420	
./. WB Maschinen		130		35	2 ◆ 2			161
Immobilien	1 400		300				1 700	
./. WB Immobilien		435		20				455
Beteiligung an T	700					200 ◆ 385 ◆ 115		
Patent			48				48	
Goodwill					115	23 ◆ 23	69	
Fremdkapital		1 435		247				1 682
Aktienkapital		1 000		200	200			1 000
Kapitalreserven		160		385	385			160
Gewinnreserven		550		15	40 ◆ 10 ◆ 23	30 ◆ 2 ◆ 22		516
Gewinn Bilanz		250		36	20 ◆ 23 ◆ 22	15 ◆ 2		238
	3 960	3 960	923	923	887	887	4 212	4 212

Erfolgsrechnungen	M (HB 2) Soll	M (HB 2) Haben	T (HB 2) Soll	T (HB 2) Haben	Konsolidierung Soll	Konsolidierung Haben	Konzern Soll	Konzern Haben
Warenertrag		7 400			216			7 184
Fabrikateertrag				1 000	200	216		1 016
Bestandesänderungen				10		15		25
Ertrag Eigenleistungen				40				40
Beteiligungsertrag		22			22			
Diverser Aufwand	1 722		949				2 671	
Warenaufwand	5 300				20	200	5 120	
Abschreibungen	150		65			2	213	
Goodwill-Abschreibung					23		23	
Gewinn ER	250		36		15 ◆ 2	20 ◆ 23 ◆ 22	238	
	7 422	7 422	1 050	1 050	498	498	8 265	8 265

13.06

a)

Datum des Fehlers	Fehlerursachen bzw. Massnahmen	Sollbuchung	Habenbuchung	Betrag
28. 05.	Buchungsfehler bei M. (Das ist ohne weitere Angaben eher der Fall als ein Buchungsfehler bei T, weil die Fakturierung beim Lieferanten vermutlich automatisiert ist.)	Debitor T (1110)	Warenaufwand (4205)	10
02. 06.	Die Rechnung für die Büromateriallieferung fehlt bei T und wird nachgebucht.	Verwaltungsaufwand (6500)	Kreditor M (2050)	20
30. 06.	Die von M geleistete Überweisung ab dem Bankkonto bei der CS ist auf dem Bankkonto von T bei der UBS noch nicht gutgeschrieben worden.	Geld in Transit (1027)	Kreditor M (2050)	1 380
30. 06.	Die von T per Express an M gelieferten Waren sind bei M noch nicht erfasst worden.	Waren in Transit (1207)	Debitor T (1110)	80

Die vier Abstimmdifferenzen wurden hier in den HB 1 von M bzw. T nachgebucht; sie hätten mit denselben Buchungssätzen auch im Rahmen der Konsolidierung bereinigt werden können.

b)

Text	Debitor T	Kreditor M
Bestände vor Korrekturen	2 230	– 760
Korrektur Buchungsfehler vom 28. 05. bei M	10	
Nachtrag Büromateriallieferung vom 02. 06. bei T		– 20
Nachtrag Überweisung vom 30. 06. bei T		–1 380
Nachtrag Lieferung vom 30. 06. von T	– 80	
Korrigierte Schlussbestände	**2 160**	**–2 160**

13.07

a)

Konsolidierungsjournal Ende 20_1

Nr.	Text	Soll	Haben	Betrag
1	M zahlte am 31. 12. 20_1 eine Rechnung von T durch Banküberweisung von 40. Die Bank von M belastete den Betrag, die Gutschrift bei T erfolgte hingegen im neuen Jahr.	Geld in Transit	Debitor M	40
2	T lieferte M am 30. 12. 20_1 Waren für 30, die bei M bis Ende 20_1 noch nicht eingetroffen waren und deshalb nicht erfasst wurden.	Waren in Transit	Kreditor T	30
3	M bildete im Jahr 20_0 eine Wertberichtigung von 7 auf einem gefährdeten konzerninternen Darlehen und erhöhte diese im Jahr 20_1 um 4.	WB Aktivdarlehen	Gewinnreserven	7
		WB Aktivdarlehen	Gewinn Bilanz	4
		Gewinn ER	Finanzaufwand	4

b) Geld in Transit: Flüssige Mittel
Waren in Transit: Vorräte

14

Minderheitsanteile

14.01

a)

Aufteilung des Eigenkapitals von T per 31.12. 20_1

	Total 100%	Holding 75%	Minderheiten 25%
Aktienkapital	120	90	30
Kapitalreserven	40	30	10
Gewinn Bilanz	20	15	5
Total	180	135	45

b)

Goodwill

Anteiliges Eigenkapital von T (90 + 30)	−120
Kaufpreis	128
Goodwill	8

c)

Konsolidierungsjournal 31.12. 20_1

Text	Soll	Haben	Betrag
Kapitalkonsolidierung Holding (75%)	Aktienkapital	Beteiligung an T	90
	Kapitalreserven	Beteiligung an T	30
	Goodwill	Beteiligung an T	8
Minderheitsanteile am EK (25%)	Aktienkapital	MAK	30
	Kapitalreserven	MAK	10
Minderheitsanteile am Ergebnis (25%)	Gewinn Bilanz	MAG Bilanz	5
	MAG ER	Gewinn ER	5
Umsatzkonsolidierung	Warenertrag	Warenaufwand	80

MAK = Minderheitsanteile am Eigenkapital
MAG = Minderheitsanteile am Gewinn (gemäss Bilanz bzw. gemäss ER)

Minderheitsanteile **14** Lösung 14.01

d)
Konsolidierungsbogen Ende 20_1

Bilanzen	M Aktiven	M Passiven	T Aktiven	T Passiven	Konsolidierungsbuchungen Soll	Konsolidierungsbuchungen Haben	Konzern Aktiven	Konzern Passiven
Diverse Aktiven	612		320				932	
Beteiligung an T	128					90 ◆ 30 ◆ 8		
Goodwill					8		8	
Fremdkapital		310		140				450
Aktienkapital		200		120	90 ◆ 30			200
Kapitalreserven		70		40	30 ◆ 10			70
Gewinnreserven		110						110
MAK						30 ◆ 10		40
Gewinn Bilanz		50		20	5			65
MAG Bilanz						5		5
	740	740	320	320	173	173	940	940

Erfolgsrechnungen	M Aufwand	M Ertrag	T Aufwand	T Ertrag	Konsolidierungsbuchungen Soll	Konsolidierungsbuchungen Haben	Konzern Aufwand	Konzern Ertrag
Warenertrag		1 400		800	80			2 120
Warenaufwand	900		500			80	1 320	
Übriger Aufwand	450		280				730	
Gewinn ER	50		20			5	65	
MAG ER					5		5	
	1 400	1 400	800	800	85	85	2 120	2 120

e)
Eigenkapital (nach Gewinnverbuchung) per 31.12. 20_1

Aktienkapital	200
+ Kapitalreserven	70
+ Gewinnreserven (110 + 65)	175
= Den Holdingaktionären zurechenbares Eigenkapital	445
+ Minderheitsanteile am Eigenkapital (40 + 5)	45
= Total Eigenkapital	490

Konzern-Erfolgsrechnung 20_1

Warenertrag	2 120
./. Warenaufwand	−1 320
./. Übriger Aufwand	− 730
= **Konzerngewinn**	70
Davon:	
▷ Anteil Holdingaktionäre	65
▷ Anteil Minderheitsaktionäre von T	5

Minderheitsanteile

14.02
Konsolidierungsbogen Ende 20_1 (Erstkonsolidierung)

Bilanzen	M Aktiven	M Passiven	T Aktiven	T Passiven	Konsolidierungsbuchungen Soll	Konsolidierungsbuchungen Haben	Konzern Aktiven	Konzern Passiven
Diverse Aktiven	800		700				1 500	
Beteiligung an T	190					120 ◆ 60 ◆ 10		
Goodwill					10		10	
Fremdkapital		430		370				800
Aktienkapital		300		200	120 ◆ 80			300
Kapitalreserven		80		100	60 ◆ 40			80
Gewinnreserven		130						130
MAK						80 ◆ 40		120
Gewinn Bilanz		50		30	12			68
MAG Bilanz						12		12
	990	990	700	700	322	322	1 510	1 510

Eigenkapital (nach Gewinnverbuchung) per 31.12. 20_1

	Aktienkapital	300
+	Kapitalreserven	80
+	Gewinnreserven (130 + 68)	198
=	Den Holdingaktionären zurechenbares Eigenkapital	578
+	Minderheitsanteile am Eigenkapital (120 + 12)	132
=	**Total Eigenkapital**	710

Konzern-Erfolgsrechnung 20_1

	Diverser Ertrag	2 000
./.	Diverser Aufwand	−1 920
=	**Konzerngewinn**	80
	Davon:	
▷	Anteil Holdingaktionäre	68
▷	Anteil Minderheitsaktionäre von T	12

Minderheitsanteile 14 — Lösung 14.02

Konsolidierungsbogen Ende 20_2 (Folgekonsolidierung)

Bilanzen	M Aktiven	M Passiven	T Aktiven	T Passiven	Konsolidierungsbuchungen Soll	Konsolidierungsbuchungen Haben	Konzern Aktiven	Konzern Passiven
Diverse Aktiven	900		800				1 700	
Beteiligung an T	238					150 ◆ 78 ◆ 10		
Goodwill					10		10	
Fremdkapital		553		385				938
Aktienkapital		300		250	150 ◆ 100			300
Kapitalreserven		80		130	78 ◆ 52			80
Gewinnreserven		145		10	4	12		163
MAK						100 ◆ 52 ◆ 4		156
Gewinn Bilanz		60		25	10 ◆ 12			63
MAG Bilanz						10		10
	1 138	1 138	800	800	416	416	1 710	1 710

Legende

- 150 Kapitalkonsolidierung
- 100 Minderheitsanteile am Kapital und am Gewinn
- 12 Elimination konzerninterne Dividende (60% von 20)

Eigenkapital (nach Gewinnverbuchung) per 31.12. 20_2

Aktienkapital	300
+ Kapitalreserven	80
+ Gewinnreserven (163 + 63)	226
= Den Holdingaktionären zurechenbares Eigenkapital	606
+ Minderheitsanteile am Eigenkapital (156+10)	166
= **Total Eigenkapital**	772

Konzern-Erfolgsrechnung 20_2

Diverser Ertrag	2 100
./. Diverser Aufwand	−2 027
= **Konzerngewinn**	73
Davon:	
▷ Anteil Holdingaktionäre	63
▷ Anteil Minderheitsaktionäre von T	10

Minderheitsanteile 14

14.03

a)

Konsolidierungsjournal 31. 12. 20_8

Text	Soll	Haben	Betrag
Umsatzkonsolidierung	Warenertrag	Warenaufwand	500
Zwischengewinn Anfang 20_8	Gewinnreserven	Warenvorrat	50
Abnahme Zwischengewinn 20_8	Warenvorrat	Gewinn Bilanz	10
	Gewinn ER	Warenaufwand	10

b)

Konsolidierungsjournal 31. 12. 20_8

Text	Soll	Haben	Betrag
Umsatzkonsolidierung	Warenertrag	Warenaufwand	500
Zwischengewinn Anfang 20_8	Gewinnreserven	Warenvorrat	30
	MAK	Warenvorrat	20
Abnahme Zwischengewinn 20_8	Warenvorrat	Gewinn Bilanz	6
	Gewinn ER	Warenaufwand	6
	Warenvorrat	MAG Bilanz	4
	MAG ER	Warenaufwand	4

Minderheitsanteile 14

14.04

Konsolidierungsjournal 31.12. 20_4

Nr.	Text		Soll	Haben	Betrag
1	Warenlieferung von T1 an T2 im Fakturawert von	600	Warenertrag	Warenaufwand	600
	Zwischengewinne bei T2 Anfang Jahr	30	Gewinnreserven	Warenvorrat	24
			MAK	Warenvorrat	6
	Zunahme Zwischengewinne bei T2	10	Gewinn Bilanz	Warenvorrat	8
			Warenaufwand	Gewinn ER	8
			MAG Bilanz	Warenvorrat	2
			Warenaufwand	MAG ER	2
2	Lieferung einer selbst hergestellten Maschine von M an T1 Anfang 20_4:		Gewinn Bilanz	Sachanlagen	180
			Fabrikateertrag	Gewinn ER	180
	▷ Fakturawert	300	MAG Bilanz	Sachanlagen	120
	▷ Konzernherstellkosten	200	Fabrikateertrag	MAG ER	120
			Sachanlagen	Gewinn Bilanz	120
			Gewinn ER	Ertrag Eigenleistung	120
			Sachanlagen	MAG Bilanz	80
			MAG ER	Ertrag Eigenleistung	80
	Die indirekte Abschreibung erfolgt linear über 10 Jahre		WB Sachanlagen	Gewinn Bilanz	6
			Gewinn ER	Abschreibungen	6
			WB Sachanlagen	MAG Bilanz	4
			MAG ER	Abschreibungen	4
3	Dividendenausschüttung von T1	50	Gewinn Bilanz	Gewinnreserven	30
			Beteiligungsertrag	Gewinn ER	30
4	M gewährte T2 im Vorjahr ein Darlehen von	100	Passivdarlehen	Aktivdarlehen	100
	Zinsfuss 6%, Zinstermin 30. April		Finanzertrag	Finanzaufwand	6
			Transitorische Passiven	Transitorische Aktiven	4
5	Goodwill-Abschreibungen der Vorjahre T1	17	Gewinnreserven	Goodwill	17
	Goodwill-Abschreibung laufendes Jahr T2	6	Gewinn Bilanz	Goodwill	6
			Goodwill-Abschreibung	Gewinn ER	6
	Zuschreibung früherer Goodwill-Abschreibung T1 (Reversal of Impairments)	3	Reversal ist verboten.		

75

Minderheitsanteile 14

14.05

a)

Konsolidierungsjournal 31.12. 20_5

Text	Soll	Haben	Betrag
Umsatzkonsolidierung	Fabrikateertrag	Warenaufwand	1 000
Umbuchung Umsatz mit Dritten	Warenertrag	Fabrikateertrag	①1 200
Zwischengewinn Anfang 20_5	Gewinnreserven	Warenvorrat	200
	Fabrikatevorrat	Gewinnreserven	180
Zunahme Zwischengewinn 20_5	Gewinn Bilanz	Warenvorrat	40
	Warenaufwand	Gewinn ER	40
	Fabrikatevorrat	Gewinn Bilanz	36
	Gewinn ER	Bestandesänderungen	36

b)

Konsolidierungsjournal 31.12. 20_5

Text	Soll	Haben	Betrag
Umsatzkonsolidierung	Fabrikateertrag	Warenaufwand	1 000
Umbuchung Umsatz mit Dritten	Warenertrag	Fabrikateertrag	①1 200
Zwischengewinn Anfang 20_5	Gewinnreserven	Warenvorrat	150
	Fabrikatevorrat	Gewinnreserven	135
	MAK	Warenvorrat	50
	Fabrikatevorrat	MAK	45
Zunahme Zwischengewinn 20_5	Gewinn Bilanz	Warenvorrat	30
	Warenaufwand	Gewinn ER	30
	Fabrikatevorrat	Gewinn Bilanz	27
	Gewinn ER	Bestandesänderungen	27
	MAG Bilanz	Warenvorrat	10
	Warenaufwand	MAG ER	10
	Fabrikatevorrat	MAG Bilanz	9
	MAG ER	Bestandesänderungen	9

---

① Wareneinkauf 1 000 ./. Bestandeszunahme 40 = Warenaufwand 960 = 80% des Warenertrags. Warenertrag = Warenaufwand 960 : 80% = 1 200.

Minderheitsanteile 14

14.06

Konzerninterne Warenlieferungen

	20_3	20_4
Konzerninterne Lieferungen zu Verkaufspreisen von M	340	280
Warenvorrat aus konzerninternen Lieferungen Ende Jahr bei T gemäss Einzelabschluss von T	60	40
Nicht realisierte Zwischengewinne Ende Jahr	15	10
Holdinganteile an nicht realisierten Zwischengewinnen (80%)	12	8
Minderheitsanteile an nicht realisierten Zwischengewinnen (20%)	3	2

Konsolidierungsjournal 31.12. 20_4

Text		Soll	Haben	Betrag
Kapitalkonsolidierung Holding	(80%)	Aktienkapital	Beteiligung an T	240
		Kapitalreserven	Beteiligung an T	80
		Goodwill	Beteiligung an T	10
Minderheitsanteil am Eigenkapital	(20%)	Aktienkapital	MAK	60
		Kapitalreserven	MAK	20
		Gewinnreserven	MAK	8
Minderheitsanteil am Ergebnis	(20%)	Gewinn Bilanz	MAG Bilanz	2
		MAG ER	Gewinn ER	2
Umsatzkonsolidierung		Warenertrag	Warenaufwand	280
Anfangsbestand Zwischengewinn	(80%)	Gewinnreserven	Warenvorräte	12
	(20%)	MAK	Warenvorräte	3
Verminderung Zwischengewinn	(80%)	Warenvorräte	Gewinn Bilanz	4
		Gewinn ER	Warenaufwand	4
	(20%)	Warenvorräte	MAG Bilanz	1
		MAG ER	Warenaufwand	1
Elimination konzerninterne Gewinnausschüttung	(80%)	Gewinn Bilanz	Gewinnreserven	24
		Beteiligungsertrag	Gewinn ER	24

Minderheitsanteile — 14 — Lösung 14.06

Konsolidierungsbogen Ende 20_4

Bilanzen	M Aktiven	M Passiven	T Aktiven	T Passiven	Konsolidierungsbuchungen Soll	Konsolidierungsbuchungen Haben	Konzern Aktiven	Konzern Passiven
Diverse Aktiven	800		580				1 380	
Warenvorräte	90		80		4♦1	12♦3	160	
Beteiligung an T	330					240♦80♦10		
Goodwill					10		10	
Fremdkapital		530		210				740
Aktienkapital		500		300	240♦60			500
Kapitalreserven		60		100	80♦20			60
Gewinnreserven		80		40	8♦12	24		124
MAK					3	60♦20♦8		85
Gewinn Bilanz		50		10	2♦24	4		38
MAG Bilanz						2♦1		3
	1 220	1 220	660	660	464	464	1 550	1 550

Erfolgsrechnungen	M Aufwand	M Ertrag	T Aufwand	T Ertrag	Konsolidierungsbuchungen Soll	Konsolidierungsbuchungen Haben	Konzern Aufwand	Konzern Ertrag
Warenertrag		1 800		900	280			2 420
Beteiligungsertrag		24			24			
Warenaufwand	1 350		600			280♦4♦1	1 665	
Übriger Aufwand	424		290				714	
Gewinn ER	50		10		4	2♦24	38	
MAG ER					2♦1		3	
	1 824	1 824	900	900	311	311	2 420	2 420

14 Minderheitsanteile — Lösung 14.06

Eigenkapital in der Konzernbilanz per 31.12.20_4

	Aktienkapital	500
+	Kapitalreserven	60
+	Gewinnreserven (124 + 38)	162
=	Den Holdingaktionären zurechenbares Eigenkapital	722
+	Minderheitsanteile am Eigenkapital (85 + 3)	88
=	**Total Eigenkapital**	**810**

Konzern-Erfolgsrechnung 20_4

	Warenertrag	2 420
./.	Warenaufwand	−1 665
./.	Übriger Aufwand	− 714
=	**Konzerngewinn**	**41**
	Davon:	
	▷ Anteile Holdingaktionäre	38
	▷ Anteil Minderheitsaktionäre von Tochtergesellschaften	3

Minderheitsanteile **14**

14.07

Konsolidierungsjournal 31.12. 20_5

Nr.	Text	Soll	Haben	Betrag
1	M verrechnete 20_5 Management-Fees an T1 von 44 und an T2 von 25.	Übriger Ertrag	Übriger Aufwand	44
		Übriger Ertrag	Übriger Aufwand	25
2	T1 lieferte 20_5 Handelswaren für 400 an T2 mit einer seit Jahren konstanten Bruttogewinnmarge von 25%. T2 verkauft diese Waren grundsätzlich (d.h. abgesehen von der Warenvorratsveränderung) an konzernexterne Kunden weiter. Die Warenvorräte aus konzerninternen Lieferungen betrugen im Einzelabschluss von T2 Anfang Jahr 40 und Ende Jahr 60.	Warenertrag	Warenaufwand	400
		Gewinnreserven	Warenvorrat	6
		MAK	Warenvorrat	4
		Gewinn Bilanz	Warenvorrat	3
		Warenaufwand	Gewinn ER	3
		MAG Bilanz	Warenvorrat	2
		Warenaufwand	MAG ER	2
3	Der Goodwill von T2 musste bereits 20_3 ein erstes Mal um 15 abgeschrieben werden, und 20_5 ist nochmals eine Wertbeeinträchtigung von 5 zu berücksichtigen.	Gewinnreserven	Goodwill	15
		Gewinn Bilanz	Goodwill	5
		Goodwill-Abschreibung	Gewinn ER	5
4	M lieferte T2 Anfang 20_2 eine selbst hergestellte Verpackungsmaschine zum Verkaufspreis von 300 (Konzernherstellkosten 200). Die Nutzungsdauer beträgt 10 Jahre. Es wird indirekt, linear abgeschrieben.	Gewinnreserven	Sachanlagen	60
		MAK	Sachanlagen	40
		WB Sachanlagen	Gewinnreserven	18
		WB Sachanlagen	MAK	12
		WB Sachanlagen	Gewinn Bilanz	6
		Gewinn ER	Abschreibungen	6
		WB Sachanlagen	MAG Bilanz	4
		MAG ER	Abschreibungen	4
5	T1 zahlte 20_5 eine Dividende von total 50.	Gewinn Bilanz	Gewinnreserven	40
		Beteiligungsertrag	Gewinn ER	40
6	M gewährte T2 im Jahr 20_2 ein nachschüssig am 30.11. zu 6% verzinsliches konzerninternes Darlehen von 200.	Passivdarlehen	Aktivdarlehen	200
		Finanzertrag	Finanzaufwand	12
		Transitorische Passiven	Transitorische Aktiven	1

Minderheitsanteile 14

14.08

a) Sämtliche im Erwerbszeitpunkt vorhandenen Gewinnreserven gemäss HB 1 wurden bei der Bereinigung in Kapitalreserven umgebucht, da es sich aus Konzernsicht um gekaufte Reserven handelt. Deshalb betragen die Gewinnreserven 0.

b) **Goodwill-Berechnung**

	Bei Erwerb	Kapitalerhöhung	Ende 20_6
Anteiliges Aktienkapital von T	−160	−40	−200
Anteilige Kapitalreserven von T	− 80	−24	−104
Anteiliges Eigenkapital von T	−240	−64	−304
Beteiligungswert	300	64	364
Goodwill ohne Wertbeeinträchtigung	**60**	**0**	**60**
Wertbeeinträchtigung			− 25
Goodwill per 31.12. 20_6			**35**

c) Der Beteiligungswert von 364 wird nur im Einzelabschluss von M bilanziert. (Er erscheint nicht in der Konzernbilanz, weil er im Rahmen der Kapitalkonsolidierung mit dem anteiligen Eigenkapital von T verrechnet wurde und der Rest als Goodwill unter den Aktiven aufgeführt wurde.)

d) **Konzerngewinn 20_6**

Text	Resultat	Ausrechnung
Summe der Gewinne	80	M 55 + T 25
+ Zwischengewinnabnahme	20	Holdingaktionäre 16 + MAG 4
./. Beteiligungsertrag von M	−40	80% von 20% von 250
= Konzerngewinn	**60**	
Davon:		
▷ Holdingaktionäre	51	Gewinn von M = 55
		+ Anteiliger Jahresgewinn von T = 80% von 25 = 20
		+ Zwischengewinnabnahme auf Vorräten 16
		./. Beteiligungsertrag 40
▷ Minderheitsaktionäre an T	9	Anteiliger Jahresgewinn von T = 20% von 25 = 5
		+ Zwischengewinnabnahme 4

e) **Konzerneigenkapital per 31.12. 20_6**

Text	Resultat	Ausrechnung
Aktienkapital M	550	400 + AK-Erhöhung 150
+ Kapitalreserven M	170	50 + Agio bei Kapitalerhöhung 120
+ Gewinnreserven	292	M 250
		+ Anteilige Gewinnreserven von T = 80% von 30 = 24
		./. Zwischengewinn Vorräte 01.01. 20_6 = 80% von 60 = 48
		./. Goodwill-Abschreibung = 25
		+ Konsolidierung Dividende von T an M = 40
		+ Anteiliger Gewinn Holdingaktionäre gemäss d) 51
= Anteil Holdingaktionäre	**1 012**	
+ Minderheitsanteile	79	Anteiliges AK von T = 20% von 250 = 50
		+ Anteilige Kapitalreserven von T = 20% von 130 = 26
		+ Anteilige Gewinnreserven von T = 20% von 30 = 6
		./. Zwischengewinn Vorräte 01.01. 20_6 = 20% von 60 = 12
		+ Anteilige Minderheitsanteile am Gewinn gemäss d) 9
= Konzerneigenkapital	**1 091**	

Minderheitsanteile 14

14.09

Konsolidierungsjournal 31.12.20_5

Nr.	Text	Soll	Haben	Betrag
1	Das Eigenkapital von T1 setzte sich Ende 20_5 wie folgt zusammen: ▷ Aktienkapital 200 ▷ Kapitalreserven 120 ▷ Gewinnreserven 160 ▷ Jahresgewinn 44 Wie lauten die Buchungen für die ▷ Kapitalkonsolidierung ▷ Aussonderung der Minderheitsanteile?	Aktienkapital	Beteiligung an T1	150
		Kapitalreserven	Beteiligung an T1	90
		Goodwill	Beteiligung an T1	10
		Aktienkapital	MAK	50
		Kapitalreserven	MAK	30
		Gewinnreserven	MAK	40
		Gewinn Bilanz	MAG Bilanz	11
		MAG ER	Gewinn ER	11
2	T1 lieferte T2 in der Berichtsperiode Handelswaren für 700 mit einer seit langem konstanten Bruttomarge von 20%. Die Warenvorräte aus konzerninternen Lieferungen betrugen bei T2 Anfang Jahr 100 und Ende Jahr 150.	Warenertrag	Warenaufwand	700
		Gewinnreserven	Warenvorrat	12
		MAK	Warenvorrat	8
		Gewinn Bilanz	Warenvorrat	6
		Warenaufwand	Gewinn ER	6
		MAG Bilanz	Warenvorrat	4
		Warenaufwand	MAG ER	4
3	M lieferte T1 am 01.01.20_3 eine Sachanlage für 72 (Herstellkosten 60). Die Abschreibung erfolgt indirekt linear über einen Zeitraum von drei Jahren.	Gewinnreserven	Sachanlagen	9
		MAK	Sachanlagen	3
		WB Sachanlagen	Gewinnreserven	6
		WB Sachanlagen	MAK	2
		WB Sachanlagen	Gewinn Bilanz	3
		Gewinn ER	Abschreibungen	3
		WB Sachanlagen	MAG Bilanz	1
		MAG ER	Abschreibungen	1
4	T1 schüttete 20_5 eine Dividende von 20% aus.	Gewinn Bilanz	Gewinnreserven	30
		Finanzertrag	Gewinn ER	30
5	Der Goodwill von T2 musste im Vorjahr um 25 und im laufenden Jahr um 20 abgeschrieben werden.	Gewinnreserven	Goodwill	25
		Gewinn Bilanz	Goodwill	20
		Goodwill-Abschreibung	Gewinn ER	20

15 Quotenkonsolidierung

15.01

a)

Konsolidierungsjournal 20_4

Nr.	Text	Soll	Haben	Betrag
1	Kapitalkonsolidierung	Aktienkapital	Beteiligung an JV	200
2	Schuldenkonsolidierung	Passivdarlehen von H	Aktivdarlehen an JV	50
		Finanzertrag	Finanzaufwand	3
		Diverses Fremdkapital (Transitorische Passiven)	Diverse Aktiven (Transitorische Aktiven)	1
3	Umsatzkonsolidierung	Warenertrag	Warenaufwand	140
	Zwischengewinn auf Warenvorrat	Gewinnreserven	Warenvorrat	5
		Gewinn Bilanz	Warenvorrat	2
		Warenaufwand	Gewinn ER	2
4	Dividendenausschüttung	Gewinn Bilanz	Gewinnreserven	20
		Finanzertrag	Gewinn ER	20

b) Ein Joint Venture wird wie in dieser Aufgabe in den meisten Fällen von den Partnern gemeinsam gegründet, weswegen eine Neubewertung im Erwerbszeitpunkt und die anschliessende Berechnung des Goodwills in der Regel entfallen.

c) Es bestehen keine Minderheitsanteile, da das Joint Venture nur quotal (im Umfang der kapitalmässigen Beteiligung durch H) in den Konzernabschluss einbezogen wurde.

(Dies im Gegensatz zur Vollkonsolidierung, wo von einer Tochtergesellschaft sämtliche Aktiven, Schulden, Aufwände und Erträge in den Konzernabschluss einbezogen werden, weshalb die Minderheitsanteile am Eigenkapital von T separat auszuweisen sind.)

d) Gegen die Methode der Quotenkonsolidierung werden hauptsächlich zwei kritische Einwände vorgebracht:

▷ Der anteilige Einbezug von Aktiven, Fremdkapital, Aufwand und Ertrag führt dazu, dass physisch untrennbare Bilanzpositionen wie beispielsweise eine Produktionsmaschine wertmässig auf die beteiligten Parteien aufgeteilt wird, was der Fiktion der wirtschaftlichen Einheit widerspricht.

▷ Gemäss Definition in den Rahmenkonzepten (Framework) von IFRS und Swiss GAAP FER ist ein Aktivum ein Wirtschaftsgut in der Verfügungsmacht (Control) des Konzerns, das voraussichtlich über die Berichtsperiode hinaus Nutzen bringt. Bei der Quotenkonsolidierung werden die Aktiven des Joint Ventures proportional in der Konzernrechnung erfasst, obwohl dem Konzern die (alleinige) Verfügungsmacht über diese fehlt.

Quotenkonsolidierung — 15 — Lösung 15.01

Konsolidierungsbogen 31. 12. 20_4

Schlussbilanzen	H Aktiven	H Passiven	JV (100%) Aktiven	JV (100%) Passiven	JV (50%) Soll	JV (50%) Haben	Konsolidierung Soll	Konsolidierung Haben	Konzern Aktiven	Konzern Passiven
Diverse Aktiven	2 400		660		330			1	2 729	
Warenvorrat	300		140		70			5♦2	363	
Aktivdarlehen an JV	100							50	50	
Beteiligung an JV	200							200		
Diverses Fremdkapital		1 300		240		120	1			1 419
Passivdarlehen von H				100		50	50			
Aktienkapital		700		400		200	200			700
Kapitalreserven		200		0		0				200
Gewinnreserven		500		40		20	5	20		535
Gewinn		300		20		10	2♦20			288
	3 000	3 000	800	800	400	400	278	278	3 142	3 142

Erfolgsrechnungen	H Aufwand	H Ertrag	JV (100%) Aufwand	JV (100%) Ertrag	JV (50%) Aufwand	JV (50%) Ertrag	Konsolidierung Soll	Konsolidierung Haben	Konzern Aufwand	Konzern Ertrag
Warenertrag		5 000		1 400		700	140			5 560
Finanzertrag		410					3♦20			387
Warenaufwand	3 000		800		400		2	140	3 262	
Finanzaufwand	110		10		5			3	112	
Übriger Aufwand	2 000		570		285				2 285	
Gewinn	300		20		10		2♦20		288	
	5 410	5 410	1 400	1 400	700	700	165	165	5 947	5 947

Quotenkonsolidierung 15

15.02

Konsolidierungsjournal 20_3

Nr.	Text	Soll	Haben	Betrag
1	Kapitalkonsolidierung	Aktienkapital	Beteiligung an G	125
		Kapitalreserven	Beteiligung an G	5
2	H gewährte G im Vorjahr ein langfristiges Darlehen, das jeweils am 30. November mit 6% zu verzinsen ist.	Darlehen von H	Darlehen an G	200
		Finanzertrag	Finanzaufwand	12
		Diverses Fremdkapital (Transitorische Passiven)	Diverse Aktiven (Transitorische Aktiven)	1
3	H lieferte G Waren für total 340.	Warenertrag	Warenaufwand	170
	Die Zwischengewinne im Lager von G betrugen insgesamt: ▷ Anfang Jahr 26 ▷ Ende Jahr 18	Gewinnreserven	Warenvorrat	13
		Warenvorrat	Gewinn Bilanz	4
		Gewinn ER	Warenaufwand	4
4	P lieferte G Waren für 180 (Bruttomarge von 30%).	Keine Buchungen		
5	G schüttete eine Dividende von 20% aus.	Gewinn Bilanz	Gewinnreserven	25
		Finanzertrag	Gewinn ER	25

Konsolidierungsbogen Ende 20_3

Bilanzen	H Aktiven	Passiven	50% von G Aktiven	Passiven	Konsolidierungsbuchungen Soll	Haben	Konzern Aktiven	Passiven
Diverse Aktiven	5 100		650			1	5 749	
Warenvorrat	370		90		4	13	451	
Beteiligung an G	130					125 ◆ 5		
Darlehen an G	400					200	200	
Diverses Fremdkapital		2 500		340	1			2 839
Darlehen von H				200	200			
Aktienkapital		1 000		125	125			1 000
Kapitalreserven		800		5	5			800
Gewinnreserven		1 200		30	13	25		1 242
Gewinn Bilanz		500		40	25	4		519
	6 000	6 000	740	740	373	373	6 400	6 400

Erfolgsrechnungen	H Aufwand	Ertrag	50% von G Aufwand	Ertrag	Konsolidierungsbuchungen Soll	Haben	Konzern Aufwand	Ertrag
Warenertrag		7 000		1 400	170			8 230
Finanzertrag		1 300			12 ◆ 25			1 263
Warenaufwand	4 500		900			170 ◆ 4	5 226	
Finanzaufwand	300		30			12	318	
Übriger Aufwand	3 000		430				3 430	
Gewinn ER	500		40		4	25	519	
	8 300	8 300	1 400	1 400	211	211	9 493	9 493

16

Equity-Methode

16.01

a)

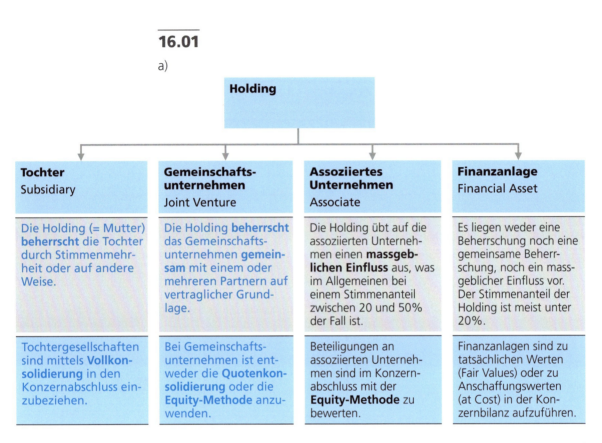

b) Ein **assoziiertes Unternehmen** (engl. Associate) ist ein Unternehmen, auf welches der Investor einen massgeblichen Einfluss ausüben kann und welches weder ein Tochterunternehmen noch ein Joint Venture darstellt.

c) Ein **massgeblicher Einfluss** (engl. Significant Influence) ist die Möglichkeit, an den finanz- und geschäftspolitischen Entscheidungsprozessen des Unternehmens mitzuwirken, ohne diese beherrschen zu können.

d) Ein massgeblicher Einfluss wird vermutet, wenn der Investor **zwischen 20% und 50% der Stimmrechte** hält. Auf die Existenz eines massgeblichen Einflusses kann in der Regel geschlossen werden, wenn eines oder mehrere der folgenden Merkmale vorliegen:

▷ Der Investor wird durch einen Sitz im Verwaltungsrat vertreten.
▷ Der Investor wirkt bei der Festlegung der strategischen Ausrichtung mit.
▷ Zwischen den Gesellschaften finden wesentliche Transaktionen statt.
▷ Zwischen den Gesellschaften findet ein Austausch von Kaderleuten statt.
▷ Bedeutende technische Informationen werden bereitgestellt.

16 Equity-Methode

16.02

Dividendenausschüttungen von A

Jahr	20_1	20_2	20_3
Dividende in %	4%	16%	20%

a) Goodwill-Berechnung

Kaufpreis	50
./. Anteiliges Eigenkapital von A (25% von 160)	−40
= Goodwill	10

b) Verbuchung der Dividendenausschüttung bei H

Text	Soll	Haben	Betrag
Dividende 20_1	Flüssige Mittel	Ertrag aus assoziierter Gesellschaft	1
Dividende 20_2	Flüssige Mittel	Ertrag aus assoziierter Gesellschaft	4
Dividende 20_3	Flüssige Mittel	Ertrag aus assoziierter Gesellschaft	5

c)

	31. 12. 20_1	31. 12. 20_2	31. 12. 20_3
Bewertungsobergrenzen bei H	50	50	59

d)

	31. 12. 20_1	31. 12. 20_2	31. 12. 20_3
Equity-Werte im Konzernabschluss	55	58	70

e)

Fortschreibung des Equity-Werts per 31. 12. 20_3

Text	Betrag
Kaufpreis der Beteiligung = Equity-Wert am 01. 01. 20_1	50
./. Dividendenausschüttung (25% von 4)	−1
+ Gewinnanteil (25% von 24)	6
= Equity-Wert am 31. 12. 20_1	55
./. Dividendenausschüttung (25% von 16)	−4
+ Gewinnanteil (25% von 28)	7
= Equity-Wert am 31. 12. 20_2	58
+ Kapitalerhöhung (25% von nominal 20 mit Agio 16)	9
./. Dividendenausschüttung (25% von 20)	−5
+ Gewinnanteil (25% von 32)	8
= Equity-Wert am 31. 12. 20_3	70

Equity-Methode — Lösung 16.02

f)

Konsolidierungsjournal Ende 20_1

Text	Soll	Haben	Betrag
Differenz des Equity-Werts gegenüber dem Erwerbszeitpunkt	Beteiligung an assoz. Gesellschaft	Gewinn Bilanz	5
	Gewinn ER	Ertrag aus assoziierter Gesellschaft	5

Konsolidierungsbogen Ende 20_1

Bilanz	H Aktiven	H Passiven	Konsolidierung Soll	Konsolidierung Haben	Konzern Aktiven	Konzern Passiven
Beteiligung an assoziierter Gesellschaft	50		5		55	

Erfolgsrechnung	H Aufwand	H Ertrag	Konsolidierung Soll	Konsolidierung Haben	Konzern Aufwand	Konzern Ertrag
Ertrag aus assoziierter Gesellschaft		1		5		6

g)

Konsolidierungsjournal Ende 20_2

Text	Soll	Haben	Betrag
Erfolgsneutrale Aufdeckung früherer Anpassungen des Equity-Werts	Beteiligung an assoziierter Gesellschaft	Gewinnreserven	5
Differenz des Equity-Werts gegenüber der Vorperiode	Beteiligung an assoz. Gesellschaft	Gewinn Bilanz	3
	Gewinn ER	Ertrag aus assoziierter Gesellschaft	3

Konsolidierungsbogen Ende 20_2

Bilanz	H Aktiven	H Passiven	Konsolidierung Soll	Konsolidierung Haben	Konzern Aktiven	Konzern Passiven
Beteiligung an assoziierter Gesellschaft	50		5 ◆ 3		58	

Erfolgsrechnung	H Aufwand	H Ertrag	Konsolidierung Soll	Konsolidierung Haben	Konzern Aufwand	Konzern Ertrag
Ertrag aus assoziierter Gesellschaft		4		3		7

Equity-Methode — Lösung 16.02

h)

Konsolidierungsjournal Ende 20_3

Text	Soll	Haben	Betrag
Erfolgsneutrale Aufdeckung früherer Anpassungen des Equity-Werts	Beteiligung an assoziierter Gesellschaft	Gewinnreserven	8
Differenz des Equity-Werts gegenüber der Vorperiode	Beteiligung an assoz. Gesellschaft	Gewinn Bilanz	3
	Gewinn ER	Ertrag aus assoziierter Gesellschaft	3

Konsolidierungsbogen Ende 20_3

Bilanz	H		Konsolidierung		Konzern	
	Aktiven	Passiven	Soll	Haben	Aktiven	Passiven
Beteiligung an assoziierter Gesellschaft	59		8♦3		70	

Erfolgsrechnung	H		Konsolidierung		Konzern	
	Aufwand	Ertrag	Soll	Haben	Aufwand	Ertrag
Ertrag aus assoziierter Gesellschaft		5		3		8

i) Die Equity-Methode lässt sich durch folgende zwei Merkmale charakterisieren:

▷ In der **Konzernbilanz** erfolgt die Bewertung der Beteiligung an der assoziierten Gesellschaft zum anteiligen Eigenkapital plus Goodwill.
(Dies im Gegensatz zur obligationenrechtlichen Vorschrift für den Einzelabschluss der Holding, wonach die Beteiligung höchstens zum Anschaffungswert zu bilanzieren ist.)

▷ In der **Konzernerfolgsrechnung** wird der in der Berichtsperiode erzielte anteilige Gewinn als Ertrag aus assoziierter Gesellschaft ausgewiesen.
(Dies im Gegensatz zum Einzelabschluss der Holding, der periodenfalsch die erhaltene Dividende als Ertrag ausweist.)

Equity-Methode

16.03

a)

Fortschreibung der Equity-Werte von A

Text	Ausrechnung	Betrag
Anteiliges Eigenkapital im Erwerbszeitpunkt	25% von 800	200
+ Goodwill	213 – 200	13
= **Equity-Wert am 1. 1. 20_1 (= Kaufpreis)**		**213**
./. Dividende 20_1	25% von 8	–2
+ Gewinn 20_1	25% von 24	6
= **Equity-Wert am 31. 12. 20_1**		**217**
./. Dividende 20_2	25% von 16	–4
+ Gewinn 20_2	25% von 28	7
= **Equity-Wert am 31. 12. 20_2**		**220**
+ Aktienkapitalerhöhung 20_3	25% von (100 + 60)	40
./. Dividende 20_3	25% von 20	–5
+ Gewinn 20_3	25% von 52	13
= **Equity-Wert am 31. 12. 20_3**		**268**

b)

Konsolidierungsjournal Ende 20_1

Text	Soll	Haben	Betrag
Anpassung Equity-Wert 20_1	Beteiligung an assoz. Gesellschaft	Gewinn Bilanz	4
	Gewinn ER	Ertrag assoz. Gesellschaft	4

Konsolidierungsbogen Ende 20_1

Bilanz	H Aktiven	Passiven	Konsolidierung Soll	Haben	Konzern Aktiven	Passiven
Beteiligung an assoz. Gesellschaft	213		4		217	

Erfolgsrechnung	H Aufwand	Ertrag	Konsolidierung Soll	Haben	Konzern Aufwand	Ertrag
Ertrag aus assoziierter Gesellschaft		2		4		6

Equity-Methode — Lösung 16.03

c)

Konsolidierungsjournal Ende 20_2

Text	Soll	Haben	Betrag
Aufdeckung der früheren Anpassungen des Equity-Werts	Beteiligung an assoz. Gesellschaft	Gewinnreserven	4
Anpassung Equity-Wert 20_2	Beteiligung an assoz. Gesellschaft	Gewinn Bilanz	3
	Gewinn ER	Ertrag assoz. Gesellschaft	3

Konsolidierungsbogen Ende 20_2

Bilanz	H Aktiven	H Passiven	Konsolidierung Soll	Konsolidierung Haben	Konzern Aktiven	Konzern Passiven
Beteiligung an assoz. Gesellschaft	213		4♦3		220	

Erfolgsrechnung	H Aufwand	H Ertrag	Konsolidierung Soll	Konsolidierung Haben	Konzern Aufwand	Konzern Ertrag
Ertrag aus assoziierter Gesellschaft		4		3		7

d)

Konsolidierungsjournal Ende 20_3

Text	Soll	Haben	Betrag
Aufdeckung der früheren Anpassungen des Equity-Werts	Beteiligung an assoz. Gesellschaft	Gewinnreserven	7
Anpassung Equity-Wert 20_3	Beteiligung an assoz. Gesellschaft	Gewinn Bilanz	8
	Gewinn ER	Ertrag assoz. Gesellschaft	8

Konsolidierungsbogen Ende 20_3

Bilanz	H Aktiven	H Passiven	Konsolidierung Soll	Konsolidierung Haben	Konzern Aktiven	Konzern Passiven
Beteiligung an assoz. Gesellschaft	253		7♦8		268	

Erfolgsrechnung	H Aufwand	H Ertrag	Konsolidierung Soll	Konsolidierung Haben	Konzern Aufwand	Konzern Ertrag
Ertrag aus assoziierter Gesellschaft		5		8		13

16 Equity-Methode

16.04

a)

Fortschreibung der Equity-Werte von A

Text	Ausrechnung	Betrag	
Ausgewiesenes Eigenkapital im Erwerbszeitpunkt	20% von 400	80	
+ Bewertung Patent	20% von 50	10	
+ Goodwill	103 – 80 – 10	13	
= Equity-Wert am 1. 1. 20_1 (= Kaufpreis)		103	
./. Dividende 20_1	20% von 10	–2	
+ Ausgewiesener Gewinn 20_1	20% von 40	8	Effektiver Gewinn =
./. Abschreibung Patent 20_1	20% von (50 : 10)	–1	
= Equity-Wert am 31. 12. 20_1		108	
./. Dividende 20_2	20% von 15	–3	
+ Ausgewiesener Gewinn 20_2	20% von 65	13	Effektiver Gewinn =
./. Abschreibung Patent 20_2	20% von (50 : 10)	–1	
= Equity-Wert am 31. 12. 20_2		117	

b)

Konsolidierungsjournal Ende 20_1

Text	Soll	Haben	Betrag
Anpassung Equity-Wert 20_1	Beteiligung an assoz. Gesellschaft	Gewinn Bilanz	5
	Gewinn ER	Ertrag assoz. Gesellschaft	5

Konsolidierungsbogen Ende 20_1

Bilanz	H Aktiven	Passiven	Konsolidierung Soll	Haben	Konzern Aktiven	Passiven
Beteiligung an assoz. Gesellschaft	103		5		108	

Erfolgsrechnung	H Aufwand	Ertrag	Konsolidierung Soll	Haben	Konzern Aufwand	Ertrag
Ertrag aus assoziierter Gesellschaft		2		5		7

Equity-Methode — Lösung 16.04

c)

Konsolidierungsjournal Ende 20_2

Text	Soll	Haben	Betrag
Aufdeckung der früheren Anpassungen des Equity-Werts	Beteiligung an assoz. Gesellschaft	Gewinnreserven	5
Anpassung Equity-Wert 20_2	Beteiligung an assoz. Gesellschaft	Gewinn Bilanz	9
	Gewinn ER	Ertrag assoz. Gesellschaft	9

Konsolidierungsbogen Ende 20_2

Bilanz	H Aktiven	Passiven	Konsolidierung Soll	Haben	Konzern Aktiven	Passiven
Beteiligung an assoz. Gesellschaft	103		5 ◆ 9		117	

Erfolgsrechnung	H Aufwand	Ertrag	Konsolidierung Soll	Haben	Konzern Aufwand	Ertrag
Ertrag aus assoziierter Gesellschaft		3		9		12

d) Im **Konzernabschluss** würde der Equity-Wert der Beteiligung an A mit 92 bilanziert (Equity-Wert Anfang Jahr 103 ./. Dividende 2 ./. ausgewiesener Verlust 8 ./. Abschreibung Patent 1). Statt eines Ertrags von 7 würde ein Aufwand aus assoziierter Gesellschaft von 9 resultieren. Es ist auch zu prüfen, ob zusätzlich der Goodwill wertberichtigt werden müsste.

Im **Einzelabschluss** müsste H für die Beteiligung an der assoziierten Gesellschaft einen Werthaltigkeitstest durchführen, da ein sinkender Equity-Wert ein Anzeichen für eine Wertbeeinträchtigung darstellt. Je nach Annahmen über die künftige Entwicklung von A müsste eine Abschreibung des Beteiligungswerts vorgenommen werden (der Betrag lässt sich hier mangels weiterer Angaben nicht ermitteln).

Equity-Methode 16

16.05

Nr.	Aussage	Richtig	Begründung bei falscher Aussage
1	Ein assoziiertes Unternehmen ist ein Unternehmen, auf welches der Investor massgeblichen Einfluss ausüben kann und welches weder eine Tochtergesellschaft noch ein Gemeinschaftsunternehmen (Joint Venture) des Investors darstellt.	X	
2	Die Equity-Methode ist keine Konsolidierung, sondern eine Bewertungsmethode für assoziierte Unternehmen im Rahmen von Konzernabschlüssen.	X	
3	Die obligationenrechtlichen Bewertungsobergrenzen dürfen auch bei Anwendung der Equity-Methode im Rahmen des Konzernabschlusses nicht überschritten werden.		Die OR-Höchstbewertungsvorschriften gelten nur für die Einzelabschlüsse.
4	Beteiligungen im Umfang von 20% bis 50% der Stimmen werden auf jeden Fall nach der Equity-Methode in den Konzernabschluss einbezogen.		Auch bei Stimmenanteilen von unter 50% ist eine Beherrschung durch die Muttergesellschaft möglich (zum Beispiel mittels Vertrag), oder es könnte sich um ein Joint Venture handeln, welches auch mittels Quotenkonsolidierung in die Konzernrechnung einbezogen werden kann. Andererseits führt eine Beteiligung von über 20% nicht zwingend zu einem massgeblichen Einfluss.
5	Bei der Equity-Methode kann kein Goodwill entstehen.		Auch nach der Equity-Methode wird die bei Erwerb bestehende Differenz zwischen Kaufpreis und anteiligem Eigenkapital als Goodwill erfasst, sofern ein Mehrwert besteht. (Allerdings wird der Goodwill nicht als separate Bilanzposition ausgewiesen.)
6	Der in der Konzern-Erfolgsrechnung ausgewiesene Verkaufsumsatz ist bei Anwendung der Equity-Methode grundsätzlich kleiner als bei Quotenkonsolidierung.	X	
7	Die Schulden des Konzerns sind bei Anwendung der Equity-Methode prinzipiell kleiner als bei Quotenkonsolidierung.	X	
8	Bei der Equity-Methode werden die Minderheitsanteile am Kapital separat als Teil des Eigenkapitals ausgewiesen.		Da die Equity-Methode eine Bewertung der Beteiligung zum anteiligen Eigenkapital darstellt, entstehen keinerlei Minderheitenanteile.
9	Bei Anwendung der Equity-Methode sind die Aktiven im Konzernabschluss grundsätzlich höher als bei der Quotenkonsolidierung, da der Equity-Wert aktiviert wird.		Bei der Quotenkonsolidierung werden die anteiligen Aktiven des Joint Ventures bilanziert, welche grundsätzlich höher sind als lediglich das anteilige Eigenkapital (Nettoaktiven) zuzüglich des Goodwills.

Equity-Methode 16

16.06

Begriff	Beschreibung
Konzern	Verrechnung des Erwerbspreises der Mutter mit dem anteiligen Eigenkapital der Tochter im Erwerbszeitpunkt
Tochter	Gewinne auf Lieferungen zwischen den Konzerngesellschaften
Mutter	Betrag, zu dem ein Vermögenswert zwischen sachverständigen, vertragswilligen und voneinander unabhängigen Geschäftspartnern getauscht bzw. eine Schuld getilgt werden könnte
Konzernrechnung	Gesellschaft, die von einer Mutter beherrscht wird
Kapitalkonsolidierung	Zusammenfassung rechtlich selbstständiger Unternehmen unter einheitlicher Leitung
Goodwill	Vertragliche Vereinbarung zwischen zwei oder mehr Parteien zur gemeinschaftlichen Führung eines Unternehmens
Zwischengewinne	Unternehmen mit einer oder mehreren Tochtergesellschaften
(Voll-)Konsolidierung	Abschluss, der die Konzernunternehmen so darstellt, als ob es sich um ein einziges Unternehmen handeln würde
Minderheitsanteile	Der Teil des Kaufpreises einer Beteiligung, welcher den tatsächlichen Wert des anteiligen Nettovermögens der Tochter übersteigt
Equity-Methode	Verfahren zur Erstellung der Konzernrechnung durch Addition der Einzelabschlüsse unter Eliminierung der konzerninternen Beziehungen
Fair Value	Anteile am Nettovermögen und am Ergebnis einer Tochter, die weder direkt noch indirekt im Besitz der Mutter sind
Joint Venture	Bewertungsverfahren für assoziierte Unternehmen und Joint Ventures

Equity-Methode

16.07

a) Im Gegensatz zur Voll- und Quotenkonsolidierung werden bei der Equity-Methode die Aufwände und Erträge von A nicht in die Konzernrechnung einbezogen, weshalb die Umsatzelimination entfällt.

b)

Elimination der Zwischengewinne

Upstream-Lieferung
A liefert an T. Die Waren sind Ende Jahr bei T an Lager.

Buchungssätze:
Gewinn Bilanz	an Warenvorrat	2
Warenaufwand	an Gewinn ER	2

Begründung:
Da H nur zu 20% an A beteiligt ist, werden nur 20% des Zwischengewinns auf dem Vorrat als aus konzerninterner Lieferung stammend betrachtet. Die Zwischengewinnelimination von 2 (20% von 10) erfolgt zulasten der Holdingaktionäre, weil an T keine Minderheitsaktionäre beteiligt sind.

Downstream-Lieferung
T liefert an A. Die Waren sind Ende Jahr bei A an Lager.

Buchungssätze:
Gewinn Bilanz	an Beteiligung	2
Ertrag assoz. Gesellschaft	an Gewinn ER	2

Begründung:
Aus Konzernsicht sind die Vorräte von A um 10 überbewertet, was per saldo ein um 10 zu hohes Eigenkapital zur Folge hat. Da die Holding einen Anteil von 20% des Eigenkapitals von A hält, muss der Equity-Wert der Beteiligung um 2 (20% von 10) vermindert werden.

c) Die wichtigsten Gründe sind:
- ▷ Der Holding stehen die notwendigen Informationen nicht zur Verfügung. (Bei Downstream-Lieferung weiss der Konzern nicht, ob A die Waren weiterverkauft hat oder nicht. Bei Upstream-Lieferung sind die Kalkulationsgrundlagen von A oft unbekannt.)
- ▷ Die Zwischengewinne im Verkehr mit assoziierten Gesellschaften sind aus Konzernsicht normalerweise unwesentlich.

17

Eigenkapitalnachweis

17.01

Eigenkapitalnachweis 20_1

	Aktienkapital	Kapitalreserven	Gewinnreserven	Total Eigenkapital
Anfangsbestand	440	150	180	770
+ Kapitalerhöhung	60	30		90
./. Dividenden			– 30	– 30
+ Gewinn			70	70
= **Schlussbestand**	500	180	220	900

17.02

Eigenkapitalnachweis

	Aktien-kapital	Kapital-reserven	Gewinn-reserven	Total Holding-aktionäre	Minder-heiten	Total Eigen-kapital
Anfangsbestand	300	40	110	450	50	500
+ Kapitalerhöhung	100	30		130		130
./. Dividendenauszahlungen[1]			– 70	– 70	– 5	– 75
+ Gewinn			90	90	15	105
= **Schlussbestand**	400	70	130	600	60	660

[1] Die Dividendenausschüttungen von Tochtergesellschaften an die Holding von 8 erscheinen nicht im Eigenkapitalnachweis, weil sie bei der Konsolidierung mit den Gewinnreserven verrechnet wurden.

Eigenkapitalnachweis 17

17.03

a)

Eigenkapitalnachweis

	Aktien-kapital	Kapital-reserven	Gewinn-reserven	Total-Holding-aktionäre	Minder-heiten	Total Eigen-kapital
Anfangsbestand	1 800	400	800	3 000	200	3 200
+ Kapitalerhöhung	100	30		130	5	135
./. Dividendenauszahlungen			– 40	– 40	– 3	– 43
+ Gewinn			60	60	8	68
= Schlussbestand	1 900	430	820	3 150	210	3 360

b)

Nr.	Aussage	Richtig	Begründung bei falscher Aussage
1	Die Dividendenausschüttungen der Holding an die Holdingaktionäre betrugen 40.	X	
2	Die Dividendenausschüttungen von Tochtergesellschaften, an denen die Holding nicht zu 100% beteiligt ist, an die Holding betrugen 3.		Die Dividendenzahlungen der Töchter an die Holding wurden bei der Konsolidierung eliminiert, weshalb deren Betrag nicht ersichtlich ist. Der Betrag von 3 entspricht den Dividendenzahlungen der Töchter an ihre Minderheitsaktionäre.
3	Der Anfangsbestand von 200 setzt sich grundsätzlich aus den Anteilen der Minderheiten am Aktienkapital, an den Agio-Reserven sowie den Gewinnreserven von Tochtergesellschaften zusammen, an denen die Holding nicht 100% der Kapitalanteile besitzt.	X	
4	Die Kapitalerhöhungen inkl. Agio-Einzahlungen betrugen im gesamten Konsolidierungskreis 135.		Die 135 setzen sich zusammen aus der Kapitalerhöhung von 130 bei der Mutter sowie den Minderheitsanteilen von 5 bei Kapitalerhöhungen der Töchter. Die Kapitalerhöhungen der Töchter durch die Mutter wurden bei der Konsolidierung eliminiert und sind nicht ersichtlich, weshalb die Aussage falsch ist.
5	Die Aktienkapitalerhöhung von nominell 100 betrifft nur die Holding.	X	
6	Eigene Aktien würden in einer zusätzlichen Kolonne im Eigenkapitalnachweis als Minusposten aufgeführt.	X	

Anhang

18.01

Rückstellungsspiegel 20_4

	Garantie-rückstellungen	Prozess-rückstellungen	Übrige Rückstellungen	Total Rückstellungen
Anfangsbestand 01. 01. 20_4	110	0	80	190
+ Bildung	50	35	25	110
./. Auflösung			−10	− 10
./. Verbrauch (Verwendung)	− 40		−20	− 60
± Veränderung Konsolidierungskreis	60	30		90
= **Schlussbestand 31. 12. 20_4**	**180**	**65**	**75**	**320**

Anhang

18.02
Anlagenspiegel in Mio. CHF

	Grundstücke und Bauten	Anlagen und Einrichtungen	Anlagen im Bau	Übrige Sachanlagen	Total Sachanlagen	Goodwill	Übrige immaterielle Anlagen	Total immaterielle Anlagen
Anschaffungswerte								
Anfangsbestand 01. 01. 20_2	160	70	40	20	290	30	15	45
Investitionen	35	10	5	10	60		10	10
Abgänge	– 20	– 5		– 5	– 30			0
Veränderung Konsolidierungskreis	35	10		5	50	10	5	15
Umklassierungen			10	–10	0			0
Schlussbestand 31. 12. 20_2	210	95	35	30	370	40	30	70
Kumulierte Abschreibungen								
Anfangsbestand 01. 01. 20_2	– 50	–20	0	–10	– 80	0	–10	–10
Abschreibungen	– 18	–16	0	– 6	– 40		– 5	– 5
Impairment-Verluste					0	– 8		– 8
Abschreibungen auf Abgängen	15	5			20			0
Veränderung Konsolidierungskreis					0			0
Umklassierungen					0			0
Schlussbestand 31. 12. 20_2	– 53	–31	0	–16	–100	– 8	–15	–23
Nettobuchwerte								
Anfangsbestand 01. 01. 20_2	110	50	40	10	210	30	5	35
Schlussbestand 31. 12. 20_2	157	64	35	14	270	32	15	47

Anhang

18.03

Nr.	Aussage	Richtig	Begründung bei falscher Aussage
1	Die Investitionen umfassen Käufe von Anlagevermögen sowie den Erwerb von Anlagevermögen im Rahmen von Akquisitionen.		Unter Investitionen werden ausschliesslich direkte Käufe von Anlagevermögen erfasst. Die im Rahmen von Akquisitionen erworbenen Anlagen werden als Veränderungen im Konsolidierungskreis klassiert.
2	Fertig gestellte Anlagen im Bau von 10 wurden umklassiert.	X	
3	Der Buchwert aus veräusserten Grundstücken und Bauten betrug 50.		Die 50 entsprechen dem Anschaffungswert der veräusserten Grundstücke und Bauten. Der Buchwert betrug 30 (Anschaffungswert 50 abzüglich kumulierte Abschreibungen 20).
4	Die neu gekaufte Software wurde unter den übrigen immateriellen Anlagen aktiviert.	X	
5	Der Impairment-Verlust auf Patenten von 10 kann in späteren Perioden rückgängig gemacht werden, falls sich der Wert der Patente aufgrund geänderter Umstände erhöht.	X	
6	Der Impairment-Verlust auf Goodwill von 25 kann in späteren Perioden rückgängig gemacht werden, falls sich der Wert des Goodwills aufgrund geänderter Umstände erhöht.		Der Goodwill darf nicht mehr aufgewertet werden, nachdem er aufgrund eines Impairment Tests abgeschrieben werden musste, auch wenn die wertvermindernden Faktoren nicht mehr vorhanden sind.
7	Bei den Zugängen an Sachanlagen aus Akquisition von 70 handelt es sich um neuwertige Anlagen, da keine kumulierten Abschreibungen übernommen wurden.		Es handelt sich nicht um neuwertige Anlagen, sondern um Anlagen, die bei der Akquisition neu bewertet wurden. Diese sind wie neu gekaufte zu erfassen.
8	Aus dem Umstand, dass die Investitionen wesentlich höher waren als die Abschreibungen, lässt sich schliessen, dass sich das Unternehmen in einer Wachstumsphase befindet.	X	

18.04

a) Bei Ereignissen, die weitere substanzielle Hinweise zu Gegebenheiten liefern, die bereits am Abschlussstichtag vorgelegen haben, muss der Konzernabschluss rückwirkend (restrospektiv) angepasst werden:

Im Konzernabschluss 20_4 müssen die Rückstellungen auf 800 erhöht werden, was mit einer Aufwandserhöhung und einer Gewinnreduktion von 300 verbunden ist.

b) Die fehlende Werthaltigkeit der Vorräte hatte sich schon vor dem Bilanzstichtag abgezeichnet und wurde am 1. Februar zur Gewissheit.

Die Vorräte sind in der Konzernbilanz per 31. 12. 20_4 retrospektiv abzuwerten auf den Nettoveräusserungswert von 50 (45 + 5; die Verkaufskosten nicht mitgerechnet).

c) Dieses Ereignis zeigt Gegebenheiten an, die erst nach dem Bilanzstichtag eingetreten sind.

Der Kursrückgang ist im Anhang mit seinen Auswirkungen offen zu legen (sofern das Ereignis als wesentlich zu betrachten ist); Bilanz und Erfolgsrechnung des Konzernabschlusses per 31. 12. 20_4 dürfen (und müssen) nicht angepasst werden.

d) Sinngemäss wie c)

e) Grundsätzlich müsste ein solcher Konkurs rückwirkend auf den 31. 12. 20_4 im Konzernabschluss berücksichtigt werden, d.h., die Debitorenforderung wäre auf 0 abzuschreiben.

Weil das Ereignis *nach* der Freigabe des Konzernabschlusses zur Veröffentlichung stattfand, kann es in diesem speziellen Fall überhaupt nicht berücksichtigt werden.

f) Es handelt sich um ein berücksichtigungspflichtiges Ereignis, d.h., Bilanz und Erfolgsrechnung 20_4 müssen retrospektiv angepasst werden.

Zu beachten ist, dass nach True-and-fair-View auch positive Ereignisse berücksichtigungspflichtig sein können, nicht nur negative.

18.05

In allen Fällen handelt es sich um Eventualverpflichtungen, die grundsätzlich im vollen Umfange und getrennt nach wesentlichen Kategorien im Anhang aufzuführen sind.

Im Umfang des erwarteten Mittelabflusses sind Rückstellungen zu bilden. Das sind im Einzelnen:

a) Rückstellungen sind sowohl für rechtliche als auch für faktische Verpflichtungen zu bilden:

Der Rückstellungsbetrag beläuft sich somit auf 1,4 Millionen Franken (1,4% von 100 Millionen Franken).

b) Es ist eine Rückstellung im Umfang des Erwartungswerts für den künftigen Mittelabfluss zu bilden. Das sind 2 Millionen Franken (40% von 5 Millionen Franken).

c) Die Rückstellung entspricht dem Erwartungswert des Kreditausfalls. Das sind Fr. 70 000.–.

	Kredite	Ausfallwahrscheinlichkeit	Erwartungswert Kreditausfall
Tochter 1	2 500 000	0%	0
Tochter 2	400 000	10%	40 000
Tochter 3	50 000	60%	30 000
Total	2 950 000		70 000
	Dieser Betrag ist als **Eventualverpflichtung** im Anhang aufzuführen.		Dieser Betrag ist als **Rückstellung** zu bilanzieren.

d) Sofern der Zeitfaktor einen wesentlichen Einfluss auf den Betrag ausübt, ist der Rückstellungsbetrag zu diskontieren.

Als Rückstellung zu Beginn der Nutzungsdauer ist der Barwert der Sanierungsausgaben in 20 Jahren aufzuführen. Das sind hier 37,7 Millionen Franken.

| Barwert | $100 \cdot \dfrac{1}{1{,}05^{20}}$ | $100 \cdot 0{,}377$ | 37,7 Millionen Franken |

18.06

a) Am stärksten ins Auge sticht die Zunahme der Fabrikatevorräte um 60 (das sind 46% gegenüber dem Vorjahr), die einer näheren Untersuchung bedarf:

▷ Die Vorratszunahme könnte ein Warnsignal für sich abzeichnende Absatzprobleme darstellen und auf eine Verschlechterung der künftigen Ergebnisse hinweisen, sodass die Aktienkurse dieses Konzerns bei der Veröffentlichung des Jahresergebnisses möglicherweise sinken, obwohl wichtige andere Kennzahlen durchaus erfreulich waren.

▷ Vielleicht wurde bei der Produktionsplanung für die Berichtsperiode ein stärkeres Umsatzwachstum prognostiziert, als effektiv eingetreten ist, was zu einer Überproduktion führte. Ob sich diese im nächsten Jahr absetzen lässt, muss überprüft werden.

▷ Die Zunahme der Fertigfabrikatebestände wäre dann betriebswirtschaftlich gerechtfertigt, wenn damit im Hinblick auf einen erwarteten Absatz-Boom die Lieferbereitschaft rechtzeitig sichergestellt wurde.

Eventuell lässt sich aus den stark rückläufigen Beständen an Rohstoffen und Fabrikaten in Arbeit auf Rationalisierungseffekte bei der Produktion schliessen. Anderseits könnten die gesunkenen Bestände auch als Korrekturmassnahmen des Managements interpretiert werden, als sich die Absatzprobleme akzentuierten.

b) Durch die Zusammenfassung vieler Detailangaben zu Sammelposten (zum Beispiel Vorräte) wird die Übersichtlichkeit von Bilanz, Erfolgs- und Geldflussrechnung erhöht.

Diese Entlastung von Bilanz-, Erfolgs- und Geldflussrechnung ist eine wichtige Funktion des Anhangs.

19

Gesamtaufgaben

19.01

Konsolidierungsjournal 31. 12. 20_5

Nr.	Text	Soll	Haben	Betrag
1	Kapitalkonsolidierung Holding: Das neu bewertete Eigenkapital von T betrug im Erwerbszeitpunkt 500 (Aktienkapital 360, Kapitalreserven 140).	Aktienkapital	Beteiligung an T	400
		Kapitalreserven	Beteiligung an T	160
		Goodwill	Beteiligung an T	33
2	Minderheitsanteile am Eigenkapital (MAK) und am Gewinn (MAG)	Aktienkapital	MAK	100
		Kapitalreserven	MAK	40
		Gewinnreserven	MAK	10
		Gewinn Bilanz	MAG Bilanz	2
		MAG ER	Gewinn ER	2
3	Der Goodwill wurde aufgrund der jährlichen Werthaltigkeitsprüfung im Jahr 20_3 um 9 wertberichtigt und muss im laufenden Jahr um weitere 7 abgeschrieben werden.	Gewinnreserven	Goodwill	9
		Gewinn Bilanz	Goodwill	7
		Übriger Aufwand (Goodwill-Abschreibung)	Gewinn ER	7
4	Konzerninterne Warenlieferungen von M an T: ▷ Fakturawert des Umsatzes 250 ▷ Anfangsbestand 20_5 an Zwischengewinnen 40 ▷ Verminderung der Zwischengewinne während des Jahres 15	Warenertrag	Warenaufwand	250
		Gewinnreserven	Warenvorrat	32
		MAK	Warenvorrat	8
		Warenvorrat	Gewinn Bilanz	12
		Gewinn ER	Warenaufwand	12
		Warenvorrat	MAG Bilanz	3
		MAG ER	Warenaufwand	3
5	T schüttete eine Dividende von 20 aus.	Gewinn Bilanz	Gewinnreserven	16
		Finanzertrag	Gewinn ER	16
6	Das seit 20_3 bestehende konzerninterne Darlehen wird jeweils Ende Februar zu 5% verzinst.	Passivdarlehen von M	Aktivdarlehen an T	120
		Finanzertrag	Finanzaufwand	6
		Diverses Fremdkapital (Transitorische Passiven)	Diverse Aktiven (Transitorische Aktiven)	5

Gesamtaufgaben — Lösung 19.01

Konsolidierungsbogen Ende 20_5

Bilanzen	M Aktiven	M Passiven	T Aktiven	T Passiven	Konsolidierung Soll	Konsolidierung Haben	Konzern Aktiven	Konzern Passiven
Diverse Aktiven	1 700		1 000			5	2 695	
Warenvorräte	247		180		12 ◆ 3	32 ◆ 8	402	
Beteiligung an T	593					400 ◆ 160 ◆ 33		
Aktivdarlehen an T	120					120		
Goodwill					33	9 ◆ 7	17	
Diverses Fremdkapital		1 400		300	5			1 695
Passivdarlehen von M				120	120			
Aktienkapital		800		500	400 ◆ 100			800
Kapitalreserven		150		200	160 ◆ 40			150
Gewinnreserven		230		50	10 ◆ 9 ◆ 32	16		245
MAK					8	100 ◆ 40 ◆ 10		142
Gewinn Bilanz		80		10	2 ◆ 7 ◆ 16	12		77
MAG Bilanz						2 ◆ 3		5
	2 660	2 660	1 180	1 180	957	957	3 114	3 114

Erfolgsrechnungen	M Aufwand	M Ertrag	T Aufwand	T Ertrag	Konsolidierung Soll	Konsolidierung Haben	Konzern Aufwand	Konzern Ertrag
Warenertrag		4 000		3 000	250			6 750
Finanzertrag		90			16 ◆ 6			68
Warenaufwand	2 500		2 000			250 ◆ 12 ◆ 3	4 235	
Finanzaufwand	70		20			6	84	
Übriger Aufwand	1 440		970		7		2 417	
Gewinn ER	80		10		12	2 ◆ 7 ◆ 16	77	
MAG ER					2 ◆ 3		5	
	4 090	4 090	3 000	3 000	296	296	6 818	6 818

Gesamtaufgaben 19 Lösung 19.01

Eigenkapital in der Konzernbilanz per 31. 12. 20_5

Aktienkapital	800
+ Kapitalreserven	150
+ Gewinnreserven (245 + 77)	322
= **Anteil Holdingaktionäre am Eigenkapital**	**1 272**
+ Minderheitsanteile am Eigenkapital (142 + 5)	147
= **Total Eigenkapital**	**1 419**

Konzern-Erfolgsrechnung 20_5

Warenertrag	6 750
./. Warenaufwand	–4 235
= Bruttogewinn	2 515
./. Übriger Aufwand	–2 417
= Operatives Ergebnis (EBIT)	98
+ Finanzertrag	68
./. Finanzaufwand	– 84
= **Konzerngewinn**	**82**
Davon:	
▷ Anteil Holdingaktionäre	77
▷ Anteil Minderheitsaktionäre von T	5

Eigenkapitalnachweis 20_5

	Aktien-kapital	Kapital-reserven	Gewinn-reserven	Total Holding-aktionäre	Minder-heiten	Total Eigen-kapital
Anfangsbestand	720	118	269	1 107	106	1 213
+ Kapitalerhöhung	80	32		112	40	152
./. Dividendenauszahlungen			– 24	– 24	– 4	– 28
+ Gewinn			77	77	5	82
= Schlussbestand	800	150	322	1 272	147	1 419

Gesamtaufgaben 19

19.02
a)

Bereinigungstabelle von T Anfang 20_1

	HB 1 Soll	HB 1 Haben	Bereinigung Soll	Bereinigung Haben	HB 2 Soll	HB 2 Haben
Diverse Aktiven	420				420	
Warenvorrat	180		90		270	
Immobilien	400		200		600	
WB Immobilien		100	100			
Patent			30		30	
Diverses Fremdkapital		390				390
Rückstellungen		30	10			20
Aktienkapital		300				300
Agio-Reserven		50	50			
Übrige gesetzliche Reserven		35	35			
Freie Reserven		55	55			
Gewinnvortrag		40	40			
Kapitalreserven				430 ♦ 180		610
Gewinnreserven						
	1 000	1 000	610	610	1 320	1 320

Goodwill-Berechnung

Aktienkapital von T	– 300
Kapitalreserven von T	– 610
Eigenkapital von T	– 910
Beteiligung von M an T	1 000
Goodwill	**90**

Lösung 19.02

b)

Legende zur Bereinigung

- **90** Neubewertung im Rahmen der Purchase price allocation
- **40** Reservenumgliederung bei Erwerb
- **20** Aufdeckung erfolgswirksamer Bereinigungen des Vorjahrs
- **6** Bildung von Gewinnreserven durch Gewinnrückbehalt und Dividendenausschüttungen
- **10** Erfolgswirksame Bereinigungen des laufenden Jahres
- **24** Der Betrag von 24 ergibt sich bei der Bereinigung des Kontos Gewinnvortrag als Differenz zwischen dem Bestand von 16 und der Umbuchung von 40. Die Differenz von 24 stellt eine Verminderung der Gewinnreserven dar und lässt sich wie folgt nachrechnen:

Gewinn 20_1	20
./. Dividenden (17 + 12)	–29
./. Reservenzuweisungen (6 + 9)	–15
= Differenz Gewinnreserven	–24

Bereinigungs- und Konsolidierungstabelle per 31. 12. 20_2

Bilanz	T (HB 1) Soll	H
Diverse Aktiven	484	
Warenvorrat	220	
Immobilien	400	
WB Immobilien		
Beteiligung an T		
Goodwill		
Patent		
Diverses Fremdkapital		
Rückstellungen		
Aktienkapital		
Agio-Reserven		
Übrige gesetzliche Reserven		
Freie Reserven		
Gewinnvortrag		
Kapitalreserven		
Gewinnreserven		
Gewinn		
	1 104	

Erfolgsrechnung	T (HB 1) Soll	H
Warenertrag		
Beteiligungsertrag		
Warenaufwand	1 200	
Abschreibungen	41	
Übriger Aufwand	340	
Gewinn	19	
	1 600	

Gesamtaufgaben 19 — Lösung 19.02

...inigung T		T (HB 2)		M (HB 2)		Konsolidierung		Konzern	
	Haben	Soll	Haben	Soll	Haben	Soll	Haben	Soll	Haben
		484		1 050				1 534	
♦30	10	330		550			14♦3	863	
200		600		900				1 500	
100	5♦5			30		270			300
				1 000			300♦610		
							90		
						90	25	65	
30	6♦6	18						18	
				460		1 600			2 060
10♦7	2			19					19
				300		800	300		800
50									
35♦6									
55♦9									
40		24							
		430♦180		610		280	610		280
♦6♦2	30			8		510	14	12	516
24	6♦9								
♦5♦6	7			5		40	3♦12♦25		5
720	720	1 432	1 432	3 500	3 500	1 054	1 054	3 980	3 980

...inigung T		T (HB 2)		M (HB 2)		Konsolidierung		Konzern	
	Haben	Soll	Haben	Soll	Haben	Soll	Haben	Soll	Haben
	7		1 607		5 000	70			6 537
					12	12			
10		1 210		3 500		3	70	4 643	
5♦6		52		110		25		187	
		340		1 362				1 702	
7	10♦5♦6	5		40			3♦25♦12	5	
28	28	1 607	1 607	5 012	5 012	110	110	6 537	6 537

Gesamtaufgaben 19

19.03

Teilaufgabe 1 — **Vollkonsolidierung**

Konsolidierungsbogen Ende 20_5

Bilanzen	H Aktiven	H Passiven	T Aktiven	T Passiven	Konsolidierung Soll	Konsolidierung Haben	Konzern Aktiven	Konzern Passiven
Diverse Aktiven	1 180		600				1 780	
Warenvorräte	227		140			10 ◆ 15 ◆ 6 ◆ 9	327	
Beteiligung an T	113					80 ◆ 20 ◆ 13		
Aktivdarlehen an T	100					100		
Goodwill					13		13	
Diverses Fremdkapital		700		300				1 000
Passivdarlehen von M				100	100			
Aktienkapital		500		200	80 ◆ 120			500
Kapitalreserven		150		50	20 ◆ 30			150
Gewinnreserven		180		70	42 ◆ 10	4		202
MAK					15	120 ◆ 30 ◆ 42		177
Gewinn Bilanz		90		20	12 ◆ 6 ◆ 4			88
MAG Bilanz					9	12		3
	1 620	1 620	740	740	461	461	2 120	2 120

Erfolgsrechnungen	H Aufwand	H Ertrag	T Aufwand	T Ertrag	Konsolidierung Soll	Konsolidierung Haben	Konzern Aufwand	Konzern Ertrag
Warenertrag		3 000		1 400	300			4 100
Finanzertrag		85			5 ◆ 4			76
Warenaufwand	1 600		900		6 ◆ 9	300	2 215	
Finanzaufwand	45		15			5	55	
Übriger Aufwand	1 350		465				1 815	
Gewinn ER	90		20			12 ◆ 6 ◆ 4	88	
MAG ER					12	9	3	
	3 085	3 085	1 400	1 400	336	336	4 176	4 176

Gesamtaufgaben **19** Lösung 19.03

Teilaufgabe 2 Quotenkonsolidierung

Konsolidierungsbogen Ende 20_5

Bilanzen	H Aktiven	H Passiven	G Quote 40% Aktiven	G Quote 40% Passiven	Konsolidierung Soll	Konsolidierung Haben	Konzern Aktiven	Konzern Passiven
Diverse Aktiven	1 180		240				1 420	
Warenvorräte	227		56			10♦6	267	
Beteiligung an G	113					80♦20♦13		
Aktivdarlehen an G	100					40	60	
Goodwill					13		13	
Diverses Fremdkapital		700		120				820
Passivdarlehen von M				40	40			
Aktienkapital		500		80	80			500
Kapitalreserven		150		20	20			150
Gewinnreserven		180		28	10	4		202
Gewinn Bilanz		90		8	6♦4			88
	1 620	1 620	296	296	173	173	1 760	1 760

Erfolgsrechnungen	H Aufwand	H Ertrag	G Quote 40% Aufwand	G Quote 40% Ertrag	Konsolidierung Soll	Konsolidierung Haben	Konzern Aufwand	Konzern Ertrag
Warenertrag		3 000		560	120			3 440
Finanzertrag		85			2♦4			79
Warenaufwand	1 600		360		6	120	1 846	
Finanzaufwand	45		6			2	49	
Übriger Aufwand	1 350		186				1 536	
Gewinn ER	90		8			6♦4	88	
	3 085	3 085	560	560	132	132	3 519	3 519

Gesamtaufgaben — **19** — Lösung 19.03

Teilaufgabe 3 — Equity-Bewertung

Bewertungsstaffel für A

	Eigenkapital bei Erwerb	100
+	Goodwill	13
=	Kaufpreis	113
+	Korrekturen bis 01. 01. 20_5	22
=	Equity-Wert 01. 01. 20_5 ①	135
./.	Dividendenausschüttung	−4
./.	Zunahme Zwischengewinn	−6
+	Gewinn 20_5	8
=	Equity-Wert 31. 12. 20_5 ①	133

(Die Zunahme Zwischengewinn −2 fasst −6 und +... zusammen; Klammer −2 { −6, +8 })

Konsolidierungsbogen Ende 20_5

Bilanzen	H Aktiven	H Passiven	Konsolidierung Soll	Konsolidierung Haben	Konzern Aktiven	Konzern Passiven
Diverse Aktiven	1 180				1 180	
Warenvorräte	227				227	
Beteiligung an A	113		22	2	133	
Aktivdarlehen an A	100				100	
Diverses Fremdkapital		700				700
Aktienkapital		500				500
Kapitalreserven		150				150
Gewinnreserven		180		22		202
Gewinn Bilanz		90	2			88
	1 620	1 620	24	24	1 640	1 640

Erfolgsrechnungen	H Aufwand	H Ertrag	Konsolidierung Soll	Konsolidierung Haben	Konzern Aufwand	Konzern Ertrag
Warenertrag		3 000				3 000
Ertrag assoz. Gesellschaft		4	2			2
Übriger Finanzertrag		81				81
Warenaufwand	1 600				1 600	
Finanzaufwand	45				45	
Übriger Aufwand	1 350				1 350	
Gewinn ER	90			2	88	
	3 085	3 085	2	2	3 083	3 083

---

① Der **Equity-Wert per 31. 12. 20_5** von A kann aus der Schlussbilanz von A gemäss Teilaufgabe 1 oder 2 wie folgt ermittelt werden: Aktienkapital 80 (40% von 200) + Kapitalreserven 20 (40% von 50) + Gewinnreserven 28 (40% von 70) + Gewinn 8 (40% von 20) + Goodwill 13 ./. Zwischengewinn auf Warenvorräten 16 (40% von 40) = 133.

Der **Equity-Wert per 01. 01. 20_5** lässt sich in dieser Aufgabe am einfachsten durch Rückrechnung aus dem Equity-Wert per 31. 12. 20_5 bestimmen: Endbestand 133 − Gewinn 8 + Zunahme Zwischengewinn 6 + Dividendenausschüttung 4 = 135.

Die **Veränderung des Equity-Werts im Jahr 20_5** hätte in Bilanz und Erfolgsrechnung auch netto zum Betrag von 2 verbucht werden können (als Differenz zwischen 4, 6 und 8).

Gesamtaufgaben 19

19.04

Konsolidierungsjournal 20_9

Nr.	Text	Soll	Haben	Betrag
1	Ende 20_9 betrug der Beteiligungswert von H an T 630, und das Eigenkapital von T bestand aus: ▷ Aktienkapital 640 ▷ Kapitalreserven 160 ▷ Gewinnreserven 360 ▷ Gewinn 80 Für den Kauf von T bezahlte M seinerzeit 180. Das Eigenkapital von T betrug im Erwerbszeitpunkt 200. An den Kapitalerhöhungen von T beteiligte sich M stets im Umfang ihrer Beteiligungsquote.	Aktienkapital	Beteiligung an T	480
		Kapitalreserven	Beteiligung an T	120
		Goodwill	Beteiligung an T	30
		Aktienkapital	MAK	160
		Kapitalreserven	MAK	40
		Gewinnreserven	MAK	90
		Gewinn Bilanz	MAG Bilanz	20
		MAG ER	Gewinn ER	20
2	H verrechnete T eine Managementgebühr von 44.	Dienstleistungsertrag	Dienstleistungsaufwand	44
3	H lieferte T Anfang 20_7 eine selbst hergestellte Verpackungsmaschine zum Verkaufspreis von 300 (Konzernherstellkosten 200). Die Nutzungsdauer beträgt 5 Jahre. Es wird indirekt, linear abgeschrieben.	Gewinnreserven	Sachanlagen	75
		WB Sachanlagen	Gewinnreserven	30
		MAK	Sachanlagen	25
		WB Sachanlagen	MAK	10
		WB Sachanlagen	Gewinn Bilanz	15
		Gewinn ER	Abschreibungen	15
		WB Sachanlagen	MAG Bilanz	5
		MAG ER	Abschreibungen	5
4	T zahlte eine Dividende von total 60.	Gewinn Bilanz	Gewinnreserven	45
		Finanzertrag (oder Beteiligungsertrag)	Gewinn ER	45

Gesamtaufgaben 19 — Lösung 19.04

Konsolidierungsjournal 20_9 (Fortsetzung)

Nr.	Text	Soll	Haben	Betrag
5	Seit Erwerb bis Anfang 20_9 betrug die Zunahme des Equity-Werts von A 57.	Beteiligung assoziierte Gesellschaft	Gewinnreserven	57
	20_9 zahlte A eine Dividende von total 40 und erzielte einen Gewinn von insgesamt 70.	Beteiligung assoziierte Gesellschaft	Gewinn Bilanz	6
		Gewinn ER	Ertrag assoz. Gesellschaft	6
6	H gewährte A vor Jahren ein am 31. 5. zu 6% verzinsliches Darlehen von 200.	Keine Buchungen		
7	T lieferte JV Handelswaren im Fakturawert von 200.	Warenertrag	Warenaufwand	60
	Die Zwischengewinne auf den Warenvorräten aus solchen Lieferungen betrugen bei JV Anfang Jahr 20 und Ende Jahr 30.	Gewinnreserven	Warenvorrat	6
		Gewinn Bilanz	Warenvorrat	3
		Warenaufwand	Gewinn ER	3
8	T lieferte H Anfang 20_9 eine selbst hergestellte Produktionsmaschine zum Verkaufspreis von 120 (Konzernherstellkosten 90).	Gewinn Bilanz	Sachanlagen	120
		Fabrikateertrag	Gewinn ER	120
		Sachanlagen	Gewinn Bilanz	90
	Die Nutzungsdauer beträgt 10 Jahre. Es wird indirekt, linear abgeschrieben.	Gewinn ER	Ertrag Eigenleistung	90
		WB Sachanlagen	Gewinn Bilanz	3
		Gewinn ER	Abschreibungen	3
9	H gewährte JV vor zwei Jahren ein am 30. April zu 5% verzinsliches Darlehen von 200.	Passivdarlehen von H	Aktivdarlehen an JV	60
		Finanzertrag	Finanzaufwand	3
		Transitorische Passiven	Transitorische Aktiven	2
10	Aufgrund von Werthaltigkeitsprüfungen musste der Goodwill von T 20_6 ein erstes Mal um 12 und im laufenden Jahr nochmals um 8 abgeschrieben werden.	Gewinnreserven	Goodwill	12
		Gewinn Bilanz	Goodwill	8
		Goodwill-Abschreibung	Gewinn ER	8

19.05

a)

Fortschreibung des Equity-Werts von A per 31. 12. 20_5

Text	Betrag	
Equity-Wert am 01. 01. 20_1	170	
+ Kumulierte Anpassungen der Vorjahre	+ 34	
= **Equity-Wert am 31. 12. 20_3**	**204**	
./. Dividendenausschüttung von A (40% von 20)	./. 8	38
+ Gewinnanteil an A (40% von 30)	+ 12	
= **Equity-Wert am 31. 12. 20_4**	**208**	
+ Aktienkapitalerhöhung bei A (40% von 160)	+ 64	
./. Dividendenausschüttung von A (40% von 25)	./. 10	6
+ Gewinnanteil an A (40% von 40)	+ 16	
= **Equity-Wert am 31. 12. 20_5**	**278**	

b)

Konsolidierungsjournal 20_5

Text	Soll	Haben	Betrag
Aufdeckung der früheren Anpassungen des Equity-Werts	Beteiligung assoz. Gesellschaft	Gewinnreserven	38
Anpassung Equity-Wert 20_5	Beteiligung assoz. Gesellschaft	Gewinn Bilanz	6
	Gewinn ER	Ertrag assoz. Gesellschaft	6

Gesamtaufgaben 19

19.06

Konsolidierungsjournal Ende 20_4

Nr.	Text	Soll	Haben	Betrag
1	H gewährte T am 31. März 20_1 ein jährlich am 31. März zu 4% verzinsliches Darlehen von 300.	Passivdarlehen von H	Aktivdarlehen an T	300
		Finanzertrag	Finanzaufwand	12
		Transitorische Passiven	Transitorische Aktiven	9
2	Der Goodwill musste wertberichtigt werden: ▷ in den Vorjahren kumuliert um 9 ▷ im laufenden Jahr um 3	Gewinnreserven	Goodwill	9
		Gewinn Bilanz	Goodwill	3
		Abschreibung Goodwill	Gewinn Erfolgsrechnung	3
3	Dividendenausschüttungen: | | 20_3 | 20_4 | | H | 6 | 8 | | T | 2 | 5 |	Gewinn Bilanz	Gewinnreserven	5
		Finanzertrag	Gewinn Erfolgsrechnung	5
4	H lieferte T im Jahr 20_4 Fabrikate für 360 (Konzernherstellkosten 300). Die Gewinnmargen dieser Lieferungen sind seit Jahren konstant. T ist ein Handelsunternehmen und verkauft die Handelswaren mit einer Bruttogewinnmarge von 40% an Dritte weiter. Die Warenvorräte aus konzerninternen Lieferungen betrugen im Einzelabschluss von T: ▷ Ende 20_3 120 ▷ Ende 20_4 90	Fabrikateertrag	Warenaufwand	360
		Warenertrag	Fabrikateertrag	650
		Gewinnreserven	Warenvorrat	120
		Fabrikatevorrat	Gewinnreserven	100
		Warenvorrat	Gewinn Bilanz	30
		Gewinn Erfolgsrechnung	Warenaufwand	30
		Gewinn Bilanz	Fabrikatevorrat	25
		Bestandesänderungen	Gewinn Erfolgsrechnung	25
5	H lieferte T Anfang 20_2 eine selbst hergestellte Verpackungsmaschine für 90 (Konzernherstellkosten 66). Diese wurde aktiviert. Die Abschreibung erfolgt indirekt über die geschätzte Nutzungsdauer von 6 Jahren.	Gewinnreserven	Sachanlagen	24
		WB Sachanlagen	Gewinnreserven	8
		WB Sachanlagen	Gewinn Bilanz	4
		Gewinn Erfolgsrechnung	Abschreibung Sachanlagen	4
6	H lieferte T Anfang 20_4 eine selbst hergestellte Förderanlage für 160 (Konzernherstellkosten 120). Diese wurde aktiviert. Die Abschreibung erfolgt indirekt über die geschätzte Nutzungsdauer von 8 Jahren.	Gewinn Bilanz	Sachanlagen	160
		Fabrikateertrag	Gewinn Erfolgsrechnung	160
		Sachanlagen	Gewinn Bilanz	120
		Gewinn Erfolgsrechnung	Ertrag Eigenleistung	120
		WB Sachanlagen	Gewinn Bilanz	5
		Gewinn Erfolgsrechnung	Abschreibung Sachanlagen	5

Gesamtaufgaben 19

19.07
a)

Bereinigungstabelle von T per 01. 01. 20_1

	HB 1 Soll	HB 1 Haben	Bereinigung Soll	Bereinigung Haben	HB 2 Soll	HB 2 Haben
Diverse Aktiven	221				221	
Warenvorrat	90		45		135	
Immobilien	120		90		210	
WB Immobilien		33	33			
Patent			91		91	
WB Patent						
Diverses Fremdkapital		206				206
Rückstellungen		22	11			11
Aktienkapital		80				80
Gesetzliche Reserven		40	40			
Freie Reserven		50	50			
Kapitalreserven				45 ◆ 90 ◆ 33 ◆ 91 ◆ 11 40 ◆ 50		360
	431	431	360	360	657	657

Gesamtaufgaben — Lösung 19.07

b)
Bereinigungstabelle für T per 31. 12. 20_3

Bilanz	HB 1 Soll	HB 1 Haben	Bereinigung Soll	Bereinigung Haben	HB 2 Soll	HB 2 Haben
Diverse Aktiven	330				330	
Warenvorrat	60		45 ◆ 5	20	90	
Immobilien	120		90		210	
WB Immobilien		42	33	8 ◆ 4		21
Patent			91		91	
WB Patent				26 ◆ 13		39
Diverses Fremdkapital		161				161
Rückstellungen		12	11 ◆ 2	7		6
Aktienkapital		100				100
Gesetzliche Reserven		50	40 ◆ 10			
Freie Reserven		95	50 ◆ 45			
Kapitalreserven				45 ◆ 90 ◆ 33 ◆ 91 ◆ 11 ◆ 40 ◆ 50 ◆ 10		370
Gewinnreserven			8 ◆ 26	5 ◆ 2 ◆ 45		18
Gewinn		50	20 ◆ 4 ◆ 13 ◆ 7			6
	510	510	500	500	721	721

Erfolgsrechnung	HB 1 Soll	HB 1 Haben	Bereinigung Soll	Bereinigung Haben	HB 2 Soll	HB 2 Haben
Warenertrag		1 000	7			993
Warenaufwand	600		20		620	
Diverser Aufwand	330				330	
Abschreibungen	20		4 ◆ 13		37	
Gewinn	50			20 ◆ 4 ◆ 13 ◆ 7	6	
	1 000	1 000	44	44	993	993

c)

Kaufpreis		410
./. Aktienkapital	75% von 80	− 60
./. Kapitalreserven	75% von 360	−270
= Goodwill im Erwerbszeitpunkt		**80**
./. Goodwill-Abschreibung	80 : 20 • 3	− 12
= Goodwill per 31. 12. 20_3		**68**

19.08

Konsolidierungsjournal 31. 12. 20_4

Nr.	Text	Soll	Haben	Betrag
1	Führen Sie für T1 die Kapitalkonsolidierung und die Umbuchung der Minderheitsanteile durch:	Aktienkapital	Beteiligung an T1	240
		Kapitalreserven	Beteiligung an T1	120
		Goodwill	Beteiligung an T1	20
		Aktienkapital	MAK	60
		Kapitalreserven	MAK	30
		Gewinnreserven	MAK	12
		Gewinn Bilanz	MAG Bilanz	4
		MAG ER	Gewinn ER	4
2	Der Goodwill von T1 ist nach Swiss GAAP FER in 5 Jahren linear abzuschreiben.	Gewinnreserven	Goodwill	12
		Gewinn Bilanz	Goodwill	4
		Abschreibung Goodwill	Gewinn ER	4
3	H fakturierte T2 Lizenzgebühren von 8 (Vorjahr 6).	Übrige Erträge	Übriger Aufwand	8
4	H gewährte T2 am 31. August 20_4 ein jährlich nachschüssig am 31. August zu 6% verzinsliches Darlehen von 200.	Passivdarlehen	Aktivdarlehen	200
		Finanzertrag	Finanzaufwand	4
		PRA	ARA	4
5	T1 lieferte an T2 Handelswaren im Fakturawert von 800. Die nicht realisierten Zwischengewinne auf konzerninternen Warenvorräten nahmen bei T2 von 30 auf 20 ab.	Warenertrag	Warenaufwand	800
		Gewinnreserven	Warenvorrat	21
		MAK	Warenvorrat	9
		Warenvorrat	Gewinn Bilanz	7
		Gewinn ER	Warenaufwand	7
		Warenvorrat	MAG Bilanz	3
		MAG ER	Warenaufwand	3
6	T2 lieferte T1 Anfang 20_4 eine selbst hergestellte Produktionsmaschine zum Verkaufspreis von 150 (Konzern-Herstellkosten 100). Die Nutzungsdauer beträgt 5 Jahre. Es wird indirekt, linear abgeschrieben.	Gewinn Bilanz	Sachanlagen	120
		Fabrikateertrag	Gewinn ER	120
		MAG Bilanz	Sachanlagen	30
		Fabrikateertrag	MAG ER	30
		Sachanlagen	Gewinn Bilanz	80
		Gewinn ER	Ertrag Eigenleistung	80
		Sachanlagen	MAG Bilanz	20
		MAG ER	Ertrag Eigenleistung	20
		WB Sachanlagen	Gewinn Bilanz	8
		Gewinn ER	Abschreibung SA	8
		WB Sachanlagen	MAG Bilanz	2
		MAG ER	Abschreibung SA	2

Tabelle zu Nr. 1:

	01. 01. 20_1	31. 12. 20_4
Aktienkapital	250	300
Kapitalreserven	125	150
Gewinnreserven		60
Gewinn		20
Total	**375**	**530**

19.09

Nr.	Sollbuchung	Habenbuchung	Betrag
1	Aktienkapital	Beteiligung an T	300
	Kapitalreserven	Beteiligung an T	450
	Goodwill	Beteiligung an T	50
2	Aktienkapital	MAK	100
	Kapitalreserven	MAK	150
	Gewinnreserven	MAK	25
	Gewinn Bilanz	MAG Bilanz	20
	MAG ER	Gewinn ER	20
3	Gewinnreserven	Goodwill	20
	Gewinn Bilanz	Goodwill	10
	Abschreibung Goodwill	Gewinn ER	10
4	Gewinn Bilanz	Gewinnreserven	30
	Finanzertrag	Gewinn ER	30
5	Übriger Ertrag	Übriger Aufwand	8
6	Passivdarlehen von H	Aktivdarlehen an T	400
	Finanzertrag	Finanzaufwand	16
	Passive Rechnungsabgrenzung	Aktive Rechnungsabgrenzung	12
7	Warenertrag	Warenaufwand	1 000
	Gewinnreserven	Warenvorrat	20
	Warenvorrat	Gewinn Bilanz	8
	Gewinn ER	Warenaufwand	8
8	Warenertrag	Warenaufwand	1 000
	Gewinnreserven	Warenvorrat	15
	MAK	Warenvorrat	5
	Warenvorrat	Gewinn Bilanz	6
	Gewinn ER	Warenaufwand	6
	Warenvorrat	MAG Bilanz	2
	MAG ER	Warenaufwand	2
9	Fabrikateertrag	Warenaufwand	1 000
	Warenertrag	Fabrikateertrag	1 144
	Gewinnreserven	Warenvorrat	100
	Fabrikatevorrat	Gewinnreserven	80
	Warenvorrat	Gewinn Bilanz	40
	Gewinn ER	Warenaufwand	40
	Gewinn Bilanz	Fabrikatevorrat	32
	Bestandesänderungen Fabrikate	Gewinn ER	32

Gesamtaufgaben — Lösung 19.09

Nr.	Sollbuchung	Habenbuchung	Betrag
10	Fabrikateertrag	Warenaufwand	1 000
	Warenertrag	Fabrikateertrag	1 144
	Gewinnreserven	Warenvorrat	75
	Fabrikatevorrat	Gewinnreserven	60
	MAK	Warenvorrat	25
	Fabrikatevorrat	MAK	20
	Warenvorrat	Gewinn Bilanz	30
	Gewinn ER	Warenaufwand	30
	Warenvorrat	MAG Bilanz	10
	MAG ER	Warenaufwand	10
	Gewinn Bilanz	Fabrikatevorrat	24
	Bestandesänderungen Fabrikate	Gewinn ER	24
	MAG Bilanz	Fabrikatevorrat	8
	Bestandesänderungen Fabrikate	MAG ER	8
11	Gewinnreserven	Sachanlagen	300
	WB Sachanlagen	Gewinnreserven	120
	WB Sachanlagen	Gewinn Bilanz	60
	Gewinn ER	Abschreibung Sachanlagen	60
12	Gewinnreserven	Sachanlagen	225
	MAK	Sachanlagen	75
	WB Sachanlagen	Gewinnreserven	90
	WB Sachanlagen	MAK	30
	WB Sachanlagen	Gewinn Bilanz	45
	Gewinn ER	Abschreibung Sachanlagen	45
	WB Sachanlagen	MAG Bilanz	15
	MAG ER	Abschreibung Sachanlagen	15
13	Gewinn Bilanz	Sachanlagen	900
	Fabrikateertrag	Gewinn ER	900
	Sachanlagen	Gewinn Bilanz	600
	Gewinn ER	Ertrag aus aktivierten Eigenleistungen	600
	WB Sachanlagen	Gewinn Bilanz	60
	Gewinn ER	Abschreibung Sachanlagen	60

Lösung 19.09

Nr.	Sollbuchung	Habenbuchung	Betrag
14	Gewinn Bilanz	Sachanlagen	675
	Fabrikateertrag	Gewinn ER	675
	MAG Bilanz	Sachanlagen	225
	Fabrikateertrag	MAG ER	225
	Sachanlagen	Gewinn Bilanz	450
	Gewinn ER	Ertrag aus aktivierten Eigenleistungen	450
	Sachanlagen	MAG Bilanz	150
	MAG ER	Ertrag aus aktivierten Eigenleistungen	150
	WB Sachanlagen	Gewinn Bilanz	45
	Gewinn ER	Abschreibung Sachanlagen	45
	WB Sachanlagen	MAG Bilanz	15
	MAG ER	Abschreibung Sachanlagen	15
15	Waren in Transit	Kreditor T	60
16	Geld in Transit	Debitor H	12
17	Beteiligung an A	Gewinnreserven	2
	Beteiligung an A	Gewinn Bilanz	4
	Gewinn ER	Ertrag aus assoziierter Gesellschaft	4

Gesamtaufgaben

19.10

Consolidation journal as of 31 December 20_6

No.	Text	Debit	Credit	Amount
1	The following additional information for the consolidation is available: The net assets of S restated at fair values at the acquisition date were 200 (share capital 130, capital reserves 70). P participated at the capital increase of S with its participation (60%).	Share capital	Investment in S	180
		Capital reserves	Investment in S	60
		Goodwill	Investment in S	20
2	Calculate and present the non-controlling interests in shareholders' equity and net profit of S.	Share capital	Non-controlling interests	120
		Capital reserves	Non-controlling interests	40
		Retained earnings	Non-controlling interests	64
		Net profit B/S	Non-controlling interests in profit of S (B/S)	16
		Non-controlling interests in net profit of S (I/S)	Net profit I/S	16
3	Two years ago an impairment test was performed on the goodwill purchased. An impairment loss of 11 was booked on consolidation level.	Retained earnings	Goodwill	11
4	S regularly sells trading goods to P. For the year 20_6 the following amounts apply: ▷ Invoice price of net sales 400 ▷ Beginning balance of interim profits 14 ▷ Decrease of interim profits during the year 5	Net sales of merchandise	Merchandise expense	400
		Retained earnings	Merchandise	14
		Merchandise	Net profit B/S	5
		Net profit I/S	Merchandise expense	5
5	S paid a dividend of 5% of the nominal share capital.	Net profit B/S	Retained earnings	9
		Financial income	Net profit I/S	9
6	P has granted an intercompany loan of 60 to S. The interest of 5% is payable on 30 April of each year.	Loan payable to P	Loan receivable fom S	60
		Financial income	Financial expense	3
		Other liabilities (Accrued expense)	Other assets (Accrued income)	2
7	S sold a machine which it manufactured itself to P at the beginning of 20_6. The following details are available: ▷ The invoiced price was 160. ▷ The manufacturing cost of the group was 120. ▷ The estimated useful life is 10 years. ▷ The straight-line (linear) depreciation method is applied both for individual and group accounting purposes. The indirect method for the accumulated depreciation is used.	Net income B/S	Property, plant and equipment	160
		Net sales of goods produced	Net profit I/S	160
		Property, plant and equipment	Net profit B/S	120
		Net profit I/S	Income from own work capitalised	120
		Accumulated depreciation	Net profit B/S	4
		Net profit I/S	Depreciation expense	4

Lösung 19.10

Consolidation sheet as of 31 December 20_6

Balance sheets (B/S)	P Debit	P Credit	S Debit	S Credit	Consolidation entries Debit	Consolidation entries Credit	Group Debit	Group Credit
Other assets	1 500		450			2	1 948	
Merchandise (inventories)	180		130		5	14	301	
Property, plant and equipment	1 130		600		120	160	1 690	
Accumulated depreciation		430		280	4			706
Investment in S	260					180 ◆ 60 ◆ 20		
Loan receivable from S	60					60		
Goodwill					20	11	9	
Other liabilities		1 600		240	2			1 838
Loan payable to P				60	60			
Share capital		500		300	180 ◆ 120			500
Capital reserves		160		100	60 ◆ 40			160
Retained earnings		380		160	64 ◆ 11 ◆ 14	9		460
Non-controlling interests in equity of S						120 ◆ 40 ◆ 64		224
Net profit (B/S)		60		40	16 ◆ 9 ◆ 160	5 ◆ 120 ◆ 4		44
Non-controlling interests in net profit of S (B/S)						16		16
	3 130	3 130	1 180	1 180	885	885	3 948	3 948

Income statements (I/S)	P Expense	P Income	S Expense	S Income	Consolidation entries Debit	Consolidation entries Credit	Group Expense	Group Income
Net sales of merchandise		2 800		600	400			3 000
Net sales of goods produced		2 200		700	160			2 740
Income from own work capitalised						120		120
Financial income		80			9 ◆ 3			68
Merchandise expense	1 500		380			400 ◆ 5	1 475	
Raw material expense	900		190				1 090	
Depreciation	110		36			4	142	
Financial expense	50		14			3	61	
Other expense	2 460		640				3 100	
Net profit (I/S)	60		40		5 ◆ 120 ◆ 4	16 ◆ 9 ◆ 160	44	
Non-controlling interests in net profit of S (I/S)						16	16	
	5 080	5 080	1 300	1 300	717	717	5 928	5 928

Lösung 19.10

Presentation of shareholders' equity in the consolidated balance sheet as of 31 December 20_6

Share capital	500
+ Capital reserves	160
+ Retained earnings (460 + 44)	504
= Share of parents' shareholders	**1 164**
+ Non-controlling shareholders' interests in subsidiary S (224 + 16)	240
= **Total equity**	**1 404**

Presentation of the profit in the consolidated income statement 20_6

Net profit of the year	**60**
Attributable to:	
▷ Shareholders of the parent P	44
▷ Non-controlling shareholders of subsidiary S	16

Gesamtaufgaben 19

19.11

a)

Fortschreibung des Equity-Werts von A

Text	Betrag	
Equity-Wert am 01. 01. 20_1	150	
+ Kumulierte Anpassungen der Vorjahre	+ 40	
= **Equity-Wert am 31. 12. 20_4**	**190**	
./. Dividendenausschüttung 20_5	− 8	50
+ Gewinn 20_5 (unbereinigt)	20	
./. Abschreibung Patent	− 2	
= **Equity-Wert am 31. 12. 20_5**	**200**	
+ Aktienkapitalerhöhung	40	
./. Dividendenausschüttung 20_6	− 12	8
+ Gewinn 20_6 (unbereinigt)	22	
./. Abschreibung Patent	− 2	
= **Equity-Wert am 31. 12. 20 _ 6**	**248**	

b)

Konsolidierungsjournal 20_6

Text	Soll	Haben	Betrag
Aufdeckung der früheren Anpassungen des Equity-Werts	Beteiligung an assoziierter Gesellschaft	Gewinnreserven	50
Anpassung Equity-Wert 20_6	Beteiligung an assoziierter Gesellschaft	Gewinn Bilanz	8
	Gewinn ER	Ertrag aus assoziierter Gesellschaft	8

19.12

Ende 20_1

Es ist eine planmässige Goodwill-Abschreibung von 20 vorzunehmen.

Ende 20_2

Der erzielbare Wert (das ist der höhere aus Netto-Marktwert und Nutzwert) beträgt 470. Der Buchwert von T inkl. Goodwill ist 495 (Nettoaktiven 435 zuzüglich nach planmässiger Abschreibung verbleibender Goodwill von 60). Aufgrund dieser Wertbeeinträchtigung muss eine zusätzliche Goodwill-Abschreibung von 25 vorgenommen werden. (Die Goodwill-Abschreibung beträgt 20_2 gesamthaft 45, davon 20 planmässig und 25 aufgrund des Werthaltigkeitstests.)

Ende 20_3

Der erzielbare Wert von 490 ist höher als der Buchwert von T von 440 (Nettoaktiven 400 zuzüglich nach planmässiger Abschreibung verbleibender Goodwill von 40). Damit ist die Wertbeeinträchtigung weggefallen. Einmal abgeschriebener Goodwill darf indes nicht mehr zugeschrieben werden. Die planmässige Goodwill-Abschreibung entfällt Ende 20_3.

Ende 20_4

Mit einer Goodwill-Abschreibung von 15 per Ende 20_4 wird zur planmässigen Abschreibung zurückgekehrt, sodass die kumulierte Goodwill-Abschreibung nach vier Jahren insgesamt 80 beträgt.

Ende 20_5

Es ist eine planmässige Goodwill-Abschreibung von 20 vorzunehmen.

Goodwill

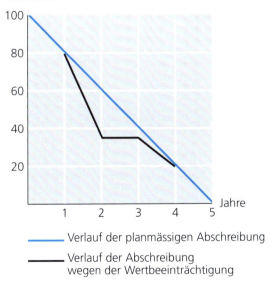

Gesamtaufgaben 19

19.13

HB 1 to HB 2 bridge for S as of 31 December 20_2

Balance sheet	HB 1 for legal/tax purposes		Adjustments (corrections)		HB 2 for consolidation purposes	
	Debit	Credit	Debit	Credit	Debit	Credit
Other assets	617				617	
Inventories	300		100 ◆ 30 ◆ 20		450	
Buildings	240		160		400	
Accumulated depreciations buildings		72	60	4 ◆ 4		20
Brand names			50		50	
Other liabilities		480				480
Warranty provisions		80	30 ◆ 3	8		55
Share capital		350				350
Legal reserves		60	15 ◆ 40 ◆ 5			
Unrestricted reserves and profit brought forward		70	67 ◆ 3			
Capital reserves				400 ◆ 122		522
Retained earnings			4	30 ◆ 3 ◆ 5 ◆ 3		37
Net profit for the year		45	4 ◆ 8	20		53
	1 157	1157	599	599	1 517	1 517

Key to the corrections/adjustments

50	Fair value adjustments at acquisition date
15	Realignment of reserves
5	Retained earnings from profit appropriation 20_2
4	Disclosure of profit adjustments of last year
4	Adjustments effecting the current profit

Annex

The goodwill is calculated as follows (this was not a part of the given problem):

Share capital	−350
Capital reserves	−522
Total equity at the acquisition date	−872
Purchase price	900
Goodwill	**28**

Gesamtaufgaben 19

19.14

a)
Anschaffungswert im Einzelabschluss von T

	Kaufpreis ohne MWST	400
+	Transport und Montage	50
=	**Anschaffungswert**	**450**

b)
Anschaffungswert im Konzernabschluss

	Herstellkosten von M	300
+	Transport und Montage	50
=	**Anschaffungswert**	**350**

c) Der unrealisierte Zwischengewinn beträgt 100. Er lässt sich auf zwei Arten feststellen:
  ▷ Als Differenz zwischen den Anschaffungswerten (450 − 350 = 100).
  ▷ Aus Konzernsicht dürfen die Verwaltungs- und Vertriebs-Gemeinkosten und der Gewinn von M nicht aktiviert werden (60 + 40 = 100).

d)
Konsolidierungsjournal per Ende 20_3

Geschäftsfälle	Soll	Haben	Betrag
Storno Lieferung	Gewinn Bilanz	Sachanlagen	240
	Fabrikateertrag	Gewinn ER	240
	MAG Bilanz	Sachanlagen	160
	Fabrikateertrag	MAG ER	160
Eigenleistung	Sachanlagen	Gewinn Bilanz	180
	Gewinn ER	Ertrag Eigenleistungen	180
	Sachanlagen	MAG Bilanz	120
	MAG ER	Ertrag Eigenleistungen	120
Abschreibungen	WB Sachanlagen	Gewinn Bilanz	9
	Gewinn ER	Abschreibungen	9
	WB Sachanlagen	MAG Bilanz	6
	MAG ER	Abschreibungen	6

e)
Konsolidierungsjournal per Ende 20_6

Geschäftsfälle	Soll	Haben	Betrag
Korrekturen per Anfang Jahr	Gewinnreserven	Sachanlagen	60
	WB Sachanlagen	Gewinnreserven	33
	MAK	Sachanlagen	40
	WB Sachanlagen	MAK	22
Abschreibungen	WB Sachanlagen	Gewinn Bilanz	12
	Gewinn ER	Abschreibungen	12
	WB Sachanlagen	MAG Bilanz	8
	MAG ER	Abschreibungen	8

Gesamtaufgaben 19

19.15

a)

Kaufpreis	156
./. Anteiliges Eigenkapital von T im Erwerbszeitpunkt (75% von 168)	–126
= Goodwill im Erwerbszeitpunkt	30

b)

Text	Soll	Haben	Betrag
Goodwill-Abschreibung von Vorperioden	Gewinnreserven	Goodwill	15
Goodwill-Abschreibung der laufenden Periode	Gewinn Bilanz	Goodwill	6
	Goodwill-Abschreibung	Gewinn ER	6

c)

Aktienkapital	25% von 160	40
+ Kapitalreserven	25% von 108	27
+ Gewinnreserven	25% von 20	5
./. Verlust	25% von 4	–1
= Minderheitsanteile Ende 20_4	25% von 284	71

oder:

Minderheitsanteile am Kapital	25% von (160 + 40 + 88)	72
./. Minderheitsanteile am Verlust	25% von –4	–1
= Minderheitsanteile Ende 20_4	25% von 284	71

d)

Gewinn aus dem Jahr 20_1	26
./. Reservenbildung im Jahr 20_2	–18
= Gewinnausschüttung von T im Jahr 20_2	8

Die Gewinnausschüttung von T an M betrug 6 (75% von 8).

e)

Eigenkapitalnachweis 20_3

	Aktien-kapital	Kapital-reserven	Gewinn-reserven	Total Holding-aktionäre	Minder-heiten	Total Eigen-kapital
Anfangsbestand	600	120	280	1 000	45	1 045
+ Kapitalerhöhungen	200	80		280	25	305
./. Dividendenauszahlungen			–50	–50		–50
+ Gewinn			70	70	3	73
= Schlussbestand	800	200	300	1 300	73	328

19.16

1 Ein Konzern ist die Zusammenfassung rechtlich selbständiger Unternehmen unter einer einheitlichen Leitung.

2 Einheitliche Leitung bedeutet, dass eine Unternehmung (Muttergesellschaft) andere rechtlich selbständige Unternehmen (Tochtergesellschaften) beherrschen kann. Dadurch entsteht eine wirtschaftliche Einheit.

3 Eine Beherrschung liegt normalerweise dann vor, wenn die Muttergesellschaft mehr als die Hälfte der Stimmrechte eines Unternehmens kontrollieren kann.

Eine Beherrschung liegt ebenfalls vor, wenn die Muttergesellschaft
- ▷ durch Verträge mit anderen Aktionären die Möglichkeit hat, über die Stimmenmehrheit an der Generalversammlung zu verfügen oder die Mehrheit des Verwaltungsrats zu ernennen und abzuberufen.
- ▷ mittels Wandelrechten oder Optionen die Mehrheit der stimmberechtigten Aktien jederzeit erwerben könnte.

4 Die Schuh AG beherrscht die Handel GmbH, die Marketing AG sowie die Textil AG.

Die Handel GmbH wird durch die direkte Beteiligung der Schuh AG beherrscht, die Textil AG indirekt über die Beteiligung der Handel GmbH. Die jederzeit ausübbaren Optionen der Marketing AG stellen ebenfalls eine Beherrschung dar, da die Schuh AG die Stimmenmehrheit erlangen kann, wann immer sie will.

Die Produktion AG ist ein Joint Venture und wird zusammen mit anderen Investoren gemeinschaftlich geleitet.

Die 40%-Beteiligung an der Leder GmbH lässt vermuten, dass die Schuh AG indirekt über die Handel GmbH einen massgeblichen Einfluss, jedoch keine Beherrschung ausüben kann.

5 a) Er kauft Aktien der Schuh AG.
b) Der Konzernabschluss.
c) Für die Einzelabschlüsse aller Gesellschaften mit Sitz in der Schweiz.
d) Der Wert der Schuh-Aktien hängt fast ausschliesslich vom wirtschaftlichen Erfolg der Konzerngesellschaften ab, weshalb die Unternehmensgruppe in Form der Konzernrechnung als Ganzes beurteilt werden muss.

Aufgrund der Beherrschung kann die Schuh AG die Ergebnisse der Einzelabschlüsse durch konzerninterne Transaktionen steuern. Diese konzerninternen Transaktionen werden im Rahmen der Konsolidierung eliminiert, sodass sie die Konzernrechnung nicht beeinflussen.

6 Gemäss OR 663e entfällt die Pflicht zur Erstellung der Konzernrechnung, wenn die Konzerngesellschaften in der Summenbilanz zwei der nachfolgenden Grössen in zwei aufeinanderfolgenden Geschäftsjahren nicht überschreiten:
- ▷ Bilanzsumme 10 Millionen Franken
- ▷ Umsatzerlös 20 Millionen Franken
- ▷ 200 Arbeitnehmer im Jahresdurchschnitt

7 Die Konzernrechnung ist der buchhalterische Abschluss eines Konzerns, der die Konzernunternehmen so darstellt, als ob es sich um ein einziges Unternehmen handeln würde.

Die Konzernrechnung geht von der Fiktion der rechtlichen Einheit aus, d. h., man tut gedanklich dergleichen, als ob nicht nur wirtschaftlich, sondern auch rechtlich ein einziges Unternehmen vorliegen würde.

8 Der Konzernabschluss umfasst fünf Teile:
  ▷ Bilanz
  ▷ Erfolgsrechnung
  ▷ Geldflussrechnung
  ▷ Eigenkapitalnachweis
  ▷ Anhang

9 Konsolidierung ist das Verfahren zur Erstellung der Konzernrechnung:
  ▷ Im ersten Schritt werden die Zahlen der Einzelabschlüsse zur Summenbilanz addiert.
  ▷ Im zweiten Schritt werden die konzerninternen Beziehungen eliminiert.

10 Von allen beherrschten Unternehmen werden 100% der Aktiven, Passiven, Aufwände und Erträge vollumfänglich in die Konzernrechnung einbezogen, unabhängig von der Beteiligungsquote.

Konzerninterne Beziehungen werden eliminiert und allfällige Minderheitsanteile am Eigenkapital von Tochtergesellschaften separat als Teil des Konzerneigenkapitals ausgewiesen.

11 a) Die gemeinschaftliche Leitung basiert nicht auf den Stimmenanteilen, sondern auf der vertraglichen Vereinbarung.

b) Da keiner der beteiligten Partner die alleinige Beherrschung über das Gemeinschaftsunternehmen ausüben kann, darf nicht die Vollkonsolidierung angewandt werden.

Diese beiden Möglichkeiten stehen zur Auswahl:
  ▷ Konsolidierung nach der Methode der Quotenkonsolidierung
  ▷ Bewertung der Beteiligung nach der Equity-Methode.

12 a) Bei einem Stimmenanteil zwischen 20% und 50%

b) Merkmale:
  ▷ Der Investor wird durch einen Sitz im Verwaltungsrat vertreten.
  ▷ Der Investor wirkt bei der Festlegung der strategischen Ausrichtung mit.
  ▷ Zwischen den Gesellschaften finden wesentliche Transaktionen statt.
  ▷ Zwischen den Gesellschaften findet ein Austausch von Kaderleuten statt.
  ▷ Bedeutende technische Informationen werden ausgetauscht.

c) Das assoziierte Unternehmen wird nicht konsolidiert, da keine Beherrschung vorliegt. Die Beteiligung wird nach der Equity-Methode bewertet und in der Konzernbilanz im finanziellen Anlagevermögen als *Beteiligung an assoziierter Gesellschaft* ausgewiesen.

13 Die Kapitalkonsolidierung ist die Verrechnung des Erwerbspreises der Mutter mit dem anteiligen Eigenkapital der Tochter auf den Erwerbszeitpunkt.

14 Gewinnreserven sind zurückbehaltene, nicht ausgeschüttete Gewinne.

Gewinnreserven sind durch den Konzern erarbeitetes Eigenkapital.

15 Kapitalreserven sind einbezahlte oder gekaufte Reserven:
- ▷ Agio-Reserven sind typische Kapitalreserven; sie wurden vom Konzern nicht aus Gewinnrücklagen erarbeitet, sondern durch die Aktionäre einbezahlt.
- ▷ Alle im Erwerbszeitpunkt vorhandenen Reserven einer Tochter sind aus Konzernsicht Kapitalreserven; sie wurden vom Konzern nicht erarbeitet, sondern gekauft.

16 a) Der Käufer erwartet eine überdurchschnittliche positive wirtschaftliche Entwicklung der gekauften Gesellschaft.

Der Käufer erhofft sich Synergien aus einer zukünftigen Zusammenarbeit. Als typische Beispiele können die Zusammenlegung von Forschung und Entwicklung, Optimierung der Produktion, gemeinsame Werbung und Vertriebskanäle angeführt werden.

Auch nach der Bereinigung der Bilanz verbleiben oft immaterielle Vermögenswerte, beispielsweise das Know-how der Mitarbeiter, welche nicht aktiviert werden dürfen.

b) Der Goodwill ist der Teil des Kaufpreises einer Beteiligung, welcher den tatsächlichen Wert des anteiligen Nettovermögens der Tochter übersteigt.

c) Der Goodwill wird grundsätzlich als separate Position im immateriellen Anlagevermögen ausgewiesen.

Als Alternative akzeptiert Swiss GAAP FER die direkte Verrechnung des Goodwills mit dem Konzern-Eigenkapital. In diesem Fall muss im Anhang offen gelegt werden, wie sich eine Aktivierung mit planmässiger Abschreibung auf Bilanz und Erfolgsrechnung ausgewirkt hätte.

d) Dieser muss systematisch, normalerweise linear über fünf Jahre (in Ausnahmefällen über 20 Jahre) abgeschrieben werden. Zusätzlich muss auf jeden Bilanzstichtag ein Werthaltigkeitstest durchgeführt werden.

e) Nach IFRS (auch nach US GAAP) erfolgt keine systematische Abschreibung des Goodwills. Der Goodwill muss einmal jährlich – und bei Vorliegen gewisser Warnsignale sofort – auf Werthaltigkeit geprüft werden. Ergibt sich eine Werteinbusse, muss der Goodwill um den entsprechenden Betrag abgeschrieben werden.

f) Eine erfolgte Abschreibung darf später nicht mehr rückgängig gemacht werden, auch wenn die wertvermindernden Faktoren nicht mehr vorhanden sind.

17 a) In diesem seltenen Fall müssen die Nettoaktiven der Tochter nochmals neu bewertet werden, um allfälligen Wertverminderungen infolge von Ertragsschwäche oder ungünstigen wirtschaftlichen Perspektiven Rechnung zu tragen. Bleibt eine negative Differenz bestehen, liegt nach IFRS ein Bargain Purchase (Gelegenheitskauf, Schnäppchen) vor, der meist auf Verkaufsdruck beim Verkäufer der Aktien zurückzuführen ist.

Ein Bargain Purchase ist in jedem Fall sofort erfolgswirksam als Gewinn aus Beteiligungserwerb zu verbuchen.

b) Die Swiss GAAP FER äussern sich nicht zum negativen Goodwill. In der Praxis sind drei Methoden möglich:

▷ Ein Bargain Purchase wird wie nach IFRS erfolgswirksam als Gewinn aus Beteiligungserwerb erfasst.

▷ Ein negativer Goodwill lässt sich – analog zum positiven Goodwill – erfolgsneutral mit dem Eigenkapital verrechnen.

▷ Der negative Goodwill wird als Rückstellung erfasst und in den Folgeperioden erfolgswirksam aufgelöst.

18 Ziel dieser Neubewertung ist die Ermittlung des tatsächlichen Eigenkapitals der Tochter, um den Goodwill als schwer erklärbare Saldogrösse auf ein Minimum zu reduzieren.

19 Der tatsächliche Wert (Fair Value) entspricht dem Nutzungswert des Patents. Der Nutzungswert ergibt sich grundsätzlich durch Abzinsung (Diskontierung) der über die erwartete Restnutzungsdauer geschätzten Cashflows.

20 Die Konzernrechnung stellt die Konzerngesellschaften dar, als ob es sich um ein einziges Unternehmen handeln würde. Da es innerhalb eines Unternehmens keine Schulden und Umsätze gibt, müssen diese durch Konsolidierungsbuchungen beseitigt werden.

21 Beispiele:

▷ Konzerninterne Forderungen und Verpflichtungen aus Lieferungen und Leistungen

▷ Kontokorrente zur Abwicklung des Zahlungsverkehrs

▷ Konzerninterne Darlehen

▷ Aktive und passive Rechnungsabgrenzungsposten

▷ Konzerninterne Anzahlungen zur Vorfinanzierung künftiger Leistungen

22 Grundsätzlich keine, da Positionen des Fremdkapitals erfolgsneutral mit Aktiven verrechnet werden und sich dadurch die Nettoaktiven nicht verändern.

23 M bucht in der HB 1:

	Sollbuchung	Habenbuchung	Betrag
a)	Geld in Transit	Forderungen gegenüber T	50
b)	Waren in Transit	Verpflichtungen gegenüber T	30

Lösung 19.16

24 Beispiele:
   ▷ Umsätze aus konzerninternen Lieferungen (Fabrikate oder Handelswaren)
   ▷ Umsätze aus konzerninternen Leistungen (Management-Fees, Know-how-Fees und Lizenzgebühren)
   ▷ Zinsen aus konzerninternen Darlehen

25 Keine, da die Konsolidierungsbuchungen ausschliesslich in der Erfolgsrechnung erfolgen.

26 Die Dividendenausschüttung führt (nur) beim Empfänger zu einer erfolgswirksamen Buchung (Beteiligungsertrag), sodass sich durch die Elimination des Beteiligungsertrags der Konzerngewinn verkleinert.

27 Zwischengewinne sind Gewinne, die auf Lieferungen zwischen den Konzerngesellschaften erzielt werden.

28 Sofern ein Liefergegenstand aus einer konzerninternen Lieferung den Konsolidierungskreis nicht verlassen hat oder nicht verbraucht wurde, gilt dieser Zwischengewinn aus Konzernsicht als nicht realisiert.

29 Der nicht realisierte Zwischengewinn ist die Differenz zwischen dem aktivierten Wert im Einzelabschluss des Käufers und den aus Konzernsicht aktivierbaren Konzern-Einstandspreisen (bei Handelswaren) bzw. Konzern-Herstellkosten (bei Fabrikaten oder Anlagen).

Swiss GAAP FER erlauben die Verwendung von Annäherungsverfahren zur Berechnung der Zwischengewinne.

30 Die Mutter beherrscht die Konzerngesellschaften. Sie könnte durch konzerninterne Transaktionen mit Zwischengewinnen sowohl das Konzernergebnis als auch das Ergebnis der Holdinggesellschaft manipulieren.

31 Das Konzernergebnis kann durch konzerninterne Transaktionen nicht beeinflusst werden, weil mit der Konsolidierung alle konzerninternen Transaktionen rückgängig gemacht werden.

Allerdings ist es durch eine solche Transaktion möglich, den Einzelabschluss der Verkäuferin zu verbessern.

32 a) Das Konto Warenvorrat. Die konzernintern gelieferten Waren sind aus Konzernsicht zu hoch bewertet.

b)

Sollbuchung	Habenbuchung	Betrag
Gewinn Bilanz	Warenvorrat	50
Warenaufwand	Gewinn ER	50

Lösung 19.16

33 a) Der Anfangsbestand von 50 wird erfolgsneutral korrigiert, die Veränderung erfolgswirksam:

Sollbuchung	Habenbuchung	Betrag
Gewinnreserven	Warenvorrat	50
Gewinn Bilanz	Warenvorrat	20
Warenaufwand	Gewinn ER	20

b) Die Zwischengewinne von 50 wurden im Konzernabschluss schon in der Vorperiode erfolgswirksam erfasst. Dies führte in der Vorperiode zu einer Verschlechterung des Konzernergebnisses und damit der kumulierten Gewinnreserven.

34 Grundsätzlich nicht, da der Erwerbspreis mit dem anteiligen Eigenkapital der Tochter im Erwerbszeitpunkt verrechnet wird.

Kapitalerhöhungen bei Tochtergesellschaften müssen bei Folgekonsolidierungen zusätzlich mit dem Beteiligungswert verrechnet werden.

35 Die anteilige Eigenkapitalerhöhung bei der Tochter entspricht dem zusätzlichen Beteiligungswert bei der Mutter.

36 Die konzerninternen Gewinnausschüttungen der Vorjahre führen zu keinen Konsolidierungsbuchungen.

Die Gewinnausschüttungen verminderten die Gewinnreserven der Tochter und erhöhten die Gewinnreserven der Mutter. Da die beiden Bilanzen für die Konzernrechnung summiert werden, kompensiert sich der Fehler.

37 Bewertungsvorschriften für Konzerne – zum Beispiel die Swiss GAAP FER oder die IFRS – bezwecken, die Vermögens-, Ertrags- und Finanzlage wahrheitsgetreu darzustellen (True and fair View), damit die Investoren ein möglichst den Tatsachen entsprechendes Bild der wirtschaftlichen Lage des Konzerns erhalten.

Das Obligationenrecht gewährt der Geschäftsleitung durch das Vorsichtsprinzip einen praktisch unbeschränkten Spielraum, die Vermögens- und Ertragslage eines Unternehmens gegenüber der Wirklichkeit willkürlich zu verfälschen.

38 Die Willkürreserven. Zwangsreserven sind auch nach True and fair View möglich.

39 Beispiele sind: Patente, Lizenzen, Markenrechte, Entwicklungsprojekte, Kundenbeziehungen, Auftragsbestände, Technologien, Datenbanken und Goodwill.

40 Nach IFRS ist eine systematische Abschreibung nicht möglich, weil die Nutzungsdauer nicht bekannt ist. Stattdessen muss einmal jährlich ein Werthaltigkeitstest durchgeführt werden. Dabei festgestellte Wertminderungen sind als Wertverminderungen (Abschreibungen) zu erfassen.

Nach Swiss GAAP FER erfolgt die Abschreibung über einen Zeitraum von fünf Jahren (ausnahmsweise 20 Jahren).

41 Das sind Aktionäre von Tochtergesellschaften, die keine Beherrschung ausüben können. Das ist in der Regel bei einem Stimmenanteil von 50% oder weniger der Fall.

42 Die Zwischengewinnelimination beeinflusst das Konzern-Eigenkapital (Gewinn und Gewinnreserven).

Da die Eigenkapitalanteile von Holding- und Minderheitsaktionären getrennt auszuweisen sind, müssen auch der Gewinn und die Gewinnreserven aufgeteilt werden.

Gesamtaufgaben — Lösung 19.16

43 Als Hauptgrund wird meist angeführt, dass es sich um unwesentliche Beträge handle.

44 Der Eigenkapitalnachweis ist eine Überleitungsrechnung vom Anfangs- auf den Schlussbestand des Eigenkapitals. Er zeigt die Ursachen für die Veränderungen des Eigenkapitals.

45 Um die Übersicht in Bilanz-, Erfolgs- und Geldflussrechnung zu erhöhen, werden gewisse Positionen zu Sammelposten zusammengefasst. Im Anhang werden diese aufgeschlüsselt.

Der Anhang vermittelt zusätzliche Informationen zur Beurteilung der Vermögens-, Ertrags- und Finanzlage.

46 Informationen:
- Informationen zu den angewandten Rechnungslegungsgrundsätzen und ausgeübten Wahlrechten
- Angaben zum Konsolidierungskreis
- Erläuterungen zu einzelnen Positionen aus Bilanz, Erfolgsrechnung und Geldflussrechnung
- Segmentberichterstattung
- Transaktionen mit nahestehenden Personen
- Informationen über nicht bilanzierte Tatbestände wie Eventualverbindlichkeiten oder Ereignisse nach dem Bilanzstichtag

**2. Teil
Vertiefung**

20

Geldflussrechnung

20.01

Konzern-Geldflussrechnung 20_3

Betriebsbereich (direkt)		
Zahlungen von Kunden (605 – 5)	600	
./. Zahlungen an Lieferanten	–300	
(305 + 3 – 8)		
./. Zahlungen ans Personal	–100	
./. Zahlungen für diversen Aufwand	–128	
./. Bezahlte Zinsen (3 – 1)	– 2	
./. Bezahlte Steuern (8 + 2)	– 10	
= Geldfluss aus Betriebstätigkeit		60
Investitionsbereich		
./. Käufe von Sachanlagen	– 90	
+ Verkäufe von Sachanlagen	32	
= Geldfluss aus Investitionstätigkeit		–58
Finanzierungsbereich		
+ Aktienkapitalerhöhung (nominal)	20	
+ Agio bei Aktienkapitalerhöhung	8	
+ Rückzahlung Hypothek	– 9	
./. Dividendenauszahlung	– 17	
= Geldfluss aus Finanzierungstätigkeit		2
= Zunahme flüssige Mittel		4
+ Anfangsbestand flüssige Mittel		5
= Schlussbestand flüssige Mittel		9

Betriebsbereich (indirekt)	
Konzerngewinn	33
+ Abschreibung Sachanlagen	30
+ Abschreibung Patente	6
+ Goodwill-Impairment	4
./. Zunahme Debitoren	– 5
./. Zunahme Warenvorrat	– 3
+ Zunahme Kreditoren	8
./. Veräusserungsgewinn	–12
+ Zunahme aufgelaufene Zinsen	1
./. Abnahme Steuerrückstellungen	– 2
= Geldfluss aus Betriebstätigkeit	60

Geldflussrechnung 20

20.02

Aufgabe 20.02 beruht auf denselben Zahlen wie 20.01, damit die beiden Techniken für die Erstellung von Geldflussrechnungen miteinander verglichen werden können.

Konsolidierungsbogen für den indirekten Nachweis des operativen Cashflows 20_3

	M	T	Summen	Konsolidierung	Konzern
Gewinn	35	8	43	−1 ♦ −4 ♦ −5	33
+ Abschreibung Sachanlagen	21	9	30		30
+ Abschreibung Patente	6		6		6
+ Goodwill-Impairment				4	4
./. Zunahme Debitoren	− 3	0	− 3	−2	− 5
./. Zunahme Warenvorrat	− 2	− 2	− 4	1	− 3
+ Zunahme Kreditoren	5	1	6	2	8
./. Veräusserungsgewinn	−12		−12		−12
+ Zunahme aufgelaufene Zinsen	1		1		1
./. Abnahme Steuerrückstellungen	− 1	− 1	− 2		− 2
= Geldfluss aus Betriebstätigkeit	**50**	**15**	**65**	**−5**	**60**

Geldflussrechnung 20 — Lösung 20.02

Konsolidierungsbogen für die Geldflussrechnung 20_3

	M	T	Summen	Konsolidierung	Konzern
Betriebsbereich					
Zahlungen von Kunden	442	200	642	– 42	600
+ Dividendeneinnahmen	5		5	– 5	
+ Dienstleistungserträge	9		9	– 9	
./. Zahlungen an Lieferanten	–230	–112	–342	42	–300
./. Zahlungen ans Personal	– 70	– 30	–100		–100
./. Zahlungen für diversen Aufwand	– 97	– 40	–137	9	–128
./. Bezahlte Zinsen	– 2		– 2		– 2
./. Bezahlte Steuern	– 7	– 3	– 10		– 10
= Geldfluss aus Betriebstätigkeit	**50**	**15**	**65**	– 5	**60**
Investitionsbereich					
./. Käufe von Sachanlagen	– 55	– 35	– 90		– 90
./. Kauf von Beteiligungen	– 12		– 12	10 ♦ 2	
+ Verkäufe von Sachanlagen	18	14	32		32
= Geldfluss aus Investitionstätigkeit	**– 49**	**– 21**	**– 70**	12	**– 58**
Finanzierungsbereich					
+ Aktienkapitalerhöhung (nominal)	20	10	30	– 10	20
+ Agio bei Aktienkapitalerhöhung	8	2	10	– 2	8
./. Rückzahlung Hypotheken	– 9		– 9		– 9
./. Dividendenausschüttung	– 17	– 5	– 22	5	– 17
= Geldfluss aus Finanzierungstätigkeit	**2**	**7**	**9**	– 7	**2**
= **Zunahme flüssige Mittel**	**3**	**1**	**4**	0	**4**
+ Anfangsbestand flüssige Mittel	4	1	5	0	5
= Schlussbestand flüssige Mittel	7	2	9	0	9

20.03

Konzern-Geldflussrechnung 20_6

Geldfluss aus Betriebstätigkeit		
Konzerngewinn	32	
+ Abschreibung Sachanlagen	45	
+ Abschreibung Goodwill	5	
./. Veräusserungsgewinn	– 1	
./. Verminderung Rückstellungen	– 4	
./. Zunahme Kundenforderungen	–14	
./. Zunahme Vorräte	– 7	
./. Abnahme Lieferantenkreditoren	– 3	
./. Zunahme Equity-Wert [1]	– 4	
= Operativer Cashflow		49
Geldfluss aus Investitionstätigkeit		
./. Kauf Tochtergesellschaft [2]	–58	
./. Kauf Sachanlagen	–93	
+ Verkauf Sachanlagen	7	
= Nettoinvestitionen		–144
Geldfluss aus Finanzierungstätigkeit		
+ Aktienkapitalerhöhung	40	
+ Agio	15	
+ Zunahme Bankschulden	21	
+ Zunahme Hypotheken	37	
./. Dividendenausschüttung	–20	
= Total Finanzierungsbereich		93
= Abnahme flüssige Mittel		– 2
+ Anfangsbestand flüssige Mittel		20
= Schlussbestand flüssige Mittel		18

---

[1] Ertrag aus assoziierter Gesellschaft 6, davon Zunahme (Anpassung) Equity-Wert 4 ➔ Dividendenzahlung 2

[2] Kaufpreis 67 ./. übernommene flüssige Mittel 9 = Investition 58

20.04
Konzern-Geldflussrechnung 20_8

Geldfluss aus Betriebstätigkeit		
Konzerngewinn	47	
+ Abschreibung Sachanlagen	55	
+ Wertbeeinträchtigung Goodwill	12	
./. Veräusserungsgewinn	– 9	
./. Zunahme Kundenforderungen	– 6	
./. Abnahme Vorräte	4	
+ Abnahme Lieferantenkreditoren	– 9	
./. Zunahme Equity-Wert[1]	– 1	
= Operativer Cashflow		93
Geldfluss aus Investitionstätigkeit		
./. Kauf Tochtergesellschaft[2]	– 30	
./. Kauf Sachanlagen	–125	
+ Verkauf Sachanlagen	71	
= Nettoinvestitionen		–84
Geldfluss aus Finanzierungstätigkeit		
+ Aktienkapitalerhöhung bei Holding	30	
+ Agio bei Holding	10	
+ Minderheitsanteile bei Kapitalerhöhung T2	12	
./. Rückzahlung Finanzschulden	– 39	
./. Dividendenausschüttung an Holdingaktionäre	– 15	
./. Dividendenausschüttung an Minderheiten[3]	– 2	
= Total Finanzierungsbereich		– 4
= Zunahme flüssige Mittel		5
+ Anfangsbestand flüssige Mittel		8
= Schlussbestand flüssige Mittel		13

[1] Ertrag aus assoziierter Gesellschaft 4 ./. Dividendenauszahlung 3 = Zunahme (Anpassung) Equity-Wert 1

[2] Kaufpreis 34 ./. übernommene flüssige Mittel 4 = Investition 30

[3] Die Dividendenausschüttung lässt sich als Residualgrösse wie folgt ermitteln:

Minderheitsanteile (MAK) per 31.12. 20_7	40
+ Zunahme Minderheitsanteile durch Gewinnanteil 20_7	8
+ Minderheitsanteile an der Kapitalerhöhung T2 (40% von 30)	12
+ Zukauf von Minderheitsanteilen beim Kauf von T3 (25% von 36)	9
= Zwischentotal vor Dividendenausschüttung	69
./. Minderheitsanteile per 31.12. 20_8 gemäss Bilanz	–67
= Dividendenausschüttung	– 2

Geldflussrechnung 20

20.05
Konsolidierungsbogen für die Geldflussrechnung 20_5

	Summen	Konsolidierung	Konzern
Betriebsbereich			
Gewinnanteile Holdingaktionäre	375	7 ◆ –100 ◆ 20 ◆ –6 ◆ –9 ◆ –70 ◆ –18 ◆ 5	204
+ Gewinnanteile Minderheiten	20	–2	18
+ Abschreibungen	576	–20	556
+ Werteinbusse Goodwill		18	18
./. Zunahme Debitoren	– 80	–3	– 83
+ Abnahme Warenvorrat	30	–7 ◆ 6 ◆ 2	31
+ Zunahme Kreditoren	70	3	73
./. Zunahme aufgelaufene Aktivzinsen	– 1	1	
+ Zunahme aufgelaufene Passivzinsen	10	–1	9
./. Nicht liquiditätswirksamer Ertrag aus assoziierter Gesellschaft		–5	– 5
= Geldfluss aus Betriebstätigkeit	1 000	–179	821
Investitionsbereich			
./. Zugänge von Sachanlagen	–1 100	200 ◆ 100	– 800
./. Selbst hergestellte Sachanlagen	– 50	–200	– 250
./. Zugänge immaterielles Anlagevermögen	– 65		– 65
./. Gewährung von Darlehen	– 60	60	
./. Kauf von Beteiligungen	– 220	12 ◆ 118 ◆ 75 ◆ 15	
./. Akquisition von T5		–118	– 118
+ Abgänge von Sachanlagen	110		110
= Geldfluss aus Investitionstätigkeit	–1 385	262	–1 123
Finanzierungsbereich			
+ Aktienkapitalerhöhungen (nominal)	190	–75	115
+ Agio bei Aktienkapitalerhöhungen	80	–15	65
+ Erhöhungen Finanzschulden	250	–60	190
./. Dividendenausschüttungen	– 150	9 ◆ 70	– 71
= Geldfluss aus Finanzierungstätigkeit	370	–71	299
= **Abnahme flüssige Mittel**	– 15	12	– 3
+ Anfangsbestand flüssige Mittel	100	–12	88
= Schlussbestand flüssige Mittel	85	0	85

Lösungshinweise zu 20.05

▷ Die bezahlten Lizenzgebühren führen bei indirekter Darstellung des operativen Cashflows zu keiner Korrekturbuchung, weil sich aus Konzernsicht weder der Gewinn noch die flüssigen Mittel verändern.

▷ Der Kauf der Beteiligung an T5 ist in der Konzern-Geldflussrechnung als Akquisition von 118 (Kaufpreis 130 ./. übernommene flüssige Mittel 12) auszuweisen.

Die bei der Akquisition übernommenen flüssigen Mittel von 12 müssen bei der Konsolidierung eliminiert werden:

- In der Geldflussrechnung von H wurde der Kauf von T5 brutto als Ausgabe von 130 ausgewiesen. Aus Konzernsicht beträgt die Investition nur 118, weshalb der Investitionsbereich um 12 berichtigt werden muss.

- In der Geldflussrechnung von T5 wurde ein Anfangsbestand an flüssigen Mitteln von 12 ausgewiesen. Aus Konzernsicht ist der Anfangsbestand aber 0, da T5 bei der Eröffnung des Jahres 20_5 noch nicht zum Konzern gehörte. Deshalb muss der Anfangsbestand im Konzernabschluss um 12 nach unten angepasst werden.

21 Ertragssteuern

21.01

a)

Sachanlagen Ende Jahr

	20_1	20_2	20_3
Sachanlagen gemäss Konzernbilanz	120	60	0
./. Sachanlagen gemäss Steuerbilanz	90	0	0
= **Temporäre Differenzen**	30	60	0

b) Der Steuerwert der Sachanlage beträgt Ende 20_1 nach erfolgter Abschreibung 90. Dieser Wert kann in zukünftigen Perioden vollumfänglich als steuerlicher Aufwand in Form von Abschreibungen (oder der Verrechnung mit einem allfälligen Liquidationserlös) geltend gemacht werden.

Aufgrund der geringeren Abschreibungen beträgt der Buchwert der Sachanlagen gemäss Konzernbilanz 120. Davon können in künftigen Perioden aber nur 90 (der Steuerwert) als steuerlicher Aufwand geltend gemacht werden. Deshalb müssen für den Differenzbetrag von 30 auf Konzernstufe latente Steuerschulden von 9 zurückgestellt werden.

c)

Latente Steuern

	20_1	20_2	20_3
Latente Steuerschuld Ende Jahr	9	18	0
./. Latente Steuerschuld Anfang Jahr	–0	– 9	–18
= **Latenter Steueraufwand** (Zunahme latente Steuerschulden) bzw.	9	9	
Latenter Steuerertrag (Abnahme latente Steuerschulden)			–18

Ertragssteuern — Lösung 21.01

d)
Erfolgsrechnung gemäss Steuerabschluss

	20_1	20_2	20_3
Gewinn vor Steuern und Abschreibungen	100	100	100
./. Abschreibungen	− 90	− 90	− 0
= Gewinn vor Steuern	10	10	100
./. Tatsächliche Ertragssteuern (30% des Gewinns vor Steuern)	− 3	− 3	− 30
= Gewinn nach Steuern	7	7	70

Erfolgsrechnung aus Konzernsicht

	20_1	20_2	20_3
Gewinn vor Steuern und Abschreibungen	100	100	100
./. Abschreibungen	− 60	− 60	− 60
= Gewinn vor Steuern	40	40	40
./. Tatsächliche Ertragssteuern gemäss Steuerabschluss (oben)	− 3	− 3	− 30
./. Latenter Steueraufwand	− 9	− 9	
+ Latenter Steuerertrag			18
= Gewinn nach Steuern	28	28	28

e) Der Gesamtsteueraufwand beträgt in beiden Erfolgsrechnungen jeweils 36.

Indes wird durch die Bildung und Auflösung der latenten Steuerschuld im Konzernabschluss die ungleiche Bewertung der Sachanlagen – und damit der unterschiedliche zeitliche Anfall des Abschreibungsaufwands – berücksichtigt.

f)

	20_1	20_2	20_3
Steuerquote im Steuerabschluss	30%	30%	30%
Steuerquote aus Konzernsicht	30%	30%	30%

Bemerkungen zur Lösung:

▷ Die Steuerquote im Konzern ist in diesem Grundbeispiel in jedem Jahr identisch mit der Steuerquote im Steuerabschluss.

▷ In der Praxis entstehen allerdings Differenzen, z.B. bei Steuersatzänderungen oder bei steuerlich nicht abzugsfähigen tatsächlichen Aufwänden.

Ertragssteuern **21**

21.02
a)

Bereinigungstabelle für T per 01. 01. 20_1

Bilanzen	HB 1 Soll	HB 1 Haben	Bereinigung Soll	Bereinigung Haben	HB 2 Soll	HB 2 Haben
Diverse Aktiven	400				400	
Patente			40		40	
Diverses Fremdkapital		118				118
Rückstellungen		12	12			
Latente Steuerschulden				13		13
Aktienkapital		200				200
Gesetzliche Reserven		50	50			
Gewinnvortrag		20	20			
Kapitalreserven ①			13	40 ♦ 12		109
				50 ♦ 20		
	400	400	135	135	440	440

Bereinigungsjournal T

Text	Soll	Haben	Betrag
Neubewertung der Aktiven und des Fremdkapitals	Patente	Kapitalreserven	40
	Rückstellungen	Kapitalreserven	12
Latente Steuerschuld auf der Neubewertung	Kapitalreserven	Latente Steuerschulden	13
Umgliederung der gekauften Reserven in Kapitalreserven	Gesetzliche Reserven	Kapitalreserven	50
	Gewinnvortrag	Kapitalreserven	20

---

① Die Kapitalreserven betragen 109.
  ▷ Neubewertung der Patente und Rückstellungen abzüglich latente Steuern 39 (40 + 12 – 13)
  ▷ Umgliederung aller bei Erwerb von M gekauften Reserven 70 (50 + 20)

Lösung 21.02

Berechnung der latenten Steuern im Erwerbszeitpunkt

	HB 1 Steuerwerte	HB 2 Konzernsicht	Temporäre Differenzen
Aktiven			
Diverse Aktiven	400	400	0
Patente	0	40	40
	400	440	
Passiven			
Diverses Fremdkapital	118	118	0
Rückstellungen	12	0	12
Latente Steuerschuld	0	13	–
Eigenkapital	270	309	–
	400	440	
Temporäre Differenzen			52
Latente Steuerschuld 01. 01. 20_1 (25% von 52)			13

Patente

Der Steuerwert der Patente beträgt 0, weshalb die aus Konzernsicht später notwendige Abschreibung der Patente nicht als steuerlicher Aufwand geltend gemacht werden kann. Dies führt dazu, dass der zu versteuernde Gewinn in den Folgeperioden höher ausfallen wird als der Gewinn gemäss HB 2. Dieser künftig höheren Steuerbelastung wird durch die Bildung einer latenten Steuerschuld Rechnung getragen.

Rückstellungen

Der Steuerwert der Rückstellungen beträgt 12; in der HB 2 werden die Rückstellungen nicht bilanziert. Eine spätere Auflösung der Rückstellungen führt in der HB 1 zu einem steuerbaren Ertrag und einer Erhöhung des steuerbaren Gewinns gegenüber der HB 2. Für diese künftig höhere Steuerbelastung wird eine latente Steuerschuld gebildet.

Ertragssteuern — Lösung 21.02

b)

Bereinigungstabelle für T per 31. 12. 20_1

Bilanzen	HB 1 Soll	HB 1 Haben	Bereinigung Soll	Bereinigung Haben	HB 2 Soll	HB 2 Haben
Diverse Aktiven	440				440	
Patente			40	8	32	
Diverses Fremdkapital		149				149
Rückstellungen		0	12	12		0
Latente Steuerschulden			5	13		8
Aktienkapital		200				200
Gesetzliche Reserven		50	50			
Gewinnvortrag		20	20			
Kapitalreserven				70 ♦ 39		109
Gewinn Bilanz		21	8 ♦ 12	5		6
	440	440	147	147	472	472

Erfolgsrechnungen	HB 1 Soll	HB 1 Haben	Bereinigung Soll	Bereinigung Haben	HB 2 Soll	HB 2 Haben
Diverser Ertrag		900	12			888
Warenaufwand	500				500	
Abschreibungen	40		8		48	
Diverser Aufwand	332				332	
Tatsächliche Ertragssteuern	7				7	
Latenter Steuerertrag				5		5
Gewinn ER	21		5	12 ♦ 8	6	
	900	900	25	25	893	893

Bereinigungsjournal T (nur erfolgswirksame Buchungen)

Text	Soll	Haben	Betrag
Abschreibung Patente	Gewinn Bilanz	Patente	8
	Abschreibungen	Gewinn ER	8
Auflösung der Rückstellungsbereinigung	Gewinn Bilanz	Rückstellung	12
	Diverser Ertrag	Gewinn ER	12
Reduktion latente Steuerschuld	Latente Steuerschuld	Gewinn Bilanz	5
	Gewinn ER	Latenter Steuerertrag	5

Ertragssteuern

Lösung 21.02

Berechnung der latenten Steuerabgrenzung T per 31. 12. 20_1

	HB 1 Steuerwerte	HB 2 Konzernsicht	Temporäre Differenzen
Aktiven			
Diverse Aktiven	440	440	0
Patente	0	32	32
	440	472	
Passiven			
Diverses Fremdkapital	149	149	0
Rückstellungen	0	0	0
Latente Steuerschuld	–	8	–
Eigenkapital	291	315	–
	440	472	
Temporäre Differenzen			32
Latente Steuerschuld 31. 12. 20_1 (25% von 32)			8
./. Latente Steuerschuld per 01. 01. 20_1			–13
Latenter Steuerertrag			– 5

Erfolgsrechnungen T für 20_1

	HB 1	HB 2	
Ertrag	900	888	
./. Aufwand	–872	–880	
= **Gewinn vor Steuern**	28	8	
./. Tatsächlicher Steueraufwand	– 7	– 7	Der Steueraufwand beträgt aus Konzernsicht 2. Das sind 25% von 8.
+ Latenter Steuerertrag		5	
= **Gewinn nach Steuern**	21	6	

Die Steuerquote beträgt in beiden Erfolgsrechnungen 25%.

Ertragssteuern — Lösung 21.02

c)

Konsolidierungsjournal per 31. 12. 20_1

Text	Soll	Haben	Betrag
Kapitalkonsolidierung	Aktienkapital	Beteiligung an T	200
	Kapitalreserven	Beteiligung an T	109
	Goodwill	Beteiligung an T	11
Elimination des konzerninternen Umsatzes	Diverser Ertrag (Warenertrag)	Warenaufwand	100
Nicht realisierter Zwischengewinn auf Vorräten	Gewinn Bilanz	Diverse Aktiven (Warenvorrat)	4
	Warenaufwand	Gewinn ER	4
Latente Steuern auf Zwischengewinn	Latente Steuerschulden	Gewinn Bilanz	1
	Gewinn ER	Latenter Steuerertrag	1

Begründung für die latente Steuerabgrenzung beim Zwischengewinn:

Im lokalen Steuerabschluss (HB 1) wurde der Zwischengewinn von 4 bereits als realisiert ausgewiesen, was einen tatsächlichen Steueraufwand auslöste.

Aus Konzernsicht wird der Zwischengewinn auf dem Vorrat erst in Zukunft realisiert. Deshalb dürfen auch die daraus resultierenden Steuerfolgen erst zu jenem Zeitpunkt erfasst werden. Bis dahin besteht aus Konzernsicht ein **latentes Steuerguthaben.**

Dieses latente Steuerguthaben wird hier mit der bestehenden latenten Steuerschuld verrechnet, weshalb es in der Bilanz nicht erscheint.

Ertragssteuern — Lösung 21.02

Konsolidierungsbogen per Ende 20_1

Bilanzen	M (HB 2) Aktiven	M (HB 2) Passiven	T (HB 2) Aktiven	T (HB 2) Passiven	Konsolidierungsbuchungen Soll	Konsolidierungsbuchungen Haben	Konzern Aktiven	Konzern Passiven
Diverse Aktiven	1 000		440			4	1 436	
Beteiligung an T	320					200 ◆ 109 ◆ 11		
Goodwill					11		11	
Patente			32				32	
Diverses Fremdkapital		663		149				812
Rückstellungen		40		0				40
Latente Steuerschulden		7		8	1			14
Aktienkapital		300		200	200			300
Kapitalreserven		100		109	109			100
Gewinnreserven		150						150
Gewinn Bilanz		60		6	4	1		63
	1 320	1 320	472	472	325	325	1 479	1 479

Erfolgsrechnungen	M (HB 2) Aufwand	M (HB 2) Ertrag	T (HB 2) Aufwand	T (HB 2) Ertrag	Konsolidierungsbuchungen Soll	Konsolidierungsbuchungen Haben	Konzern Aufwand	Konzern Ertrag
Diverser Ertrag		2 500		888	100			3 288
Warenaufwand	1 500		500		4	100	1 904	
Abschreibungen	90		48				138	
Diverser Aufwand	830		332				1 162	
Tatsächliche Ertragssteuern	23		7				30	
Latenter Steuerertrag		3		5		1		9
Gewinn Erfolgsrechnung	60		6		1	4	63	
	2 503	2 503	893	893	105	105	3 297	3 297

Darstellung der Konzern-Erfolgsrechnung im Geschäftsbericht

Diverser Ertrag	3 288
./. Warenaufwand	−1 904
./. Abschreibungen	− 138
./. Diverser Aufwand	−1 162
= **Konzerngewinn vor Steuern**	84
./. Steueraufwand (30−9)	− 21
= **Konzerngewinn nach Steuern**	63

Ertragssteuern 21

21.03

a)

Berechnung der latenten Steuerabgrenzung per 31. 12. 20_4

	HB 1 Steuerwerte	HB 2 Konzernsicht	Temporäre Differenzen
Aktiven			
Diverse Aktiven	600	600	0
Warenvorrat	200	200	0
Patente	0	16	16
	800	816	
Passiven			
Diverses Fremdkapital	386	386	0
Rückstellungen	24	12	12
Latente Steuerschuld	0	7	–
Eigenkapital	390	411	–
	800	816	
Temporäre Differenzen			28
Latente Steuerschuld 31. 12. 20_4 (25% von 28)			7
./. Latente Steuerschuld per 01. 01. 20_4 (17–19)			– 8
Latenter Steuerertrag 20_4			– 1

Ertragssteuern — Lösung 21.03

Bereinigungstabelle für T per 31.12.20_4

Bilanzen	HB 1 Aktiven	HB 1 Passiven	Bereinigung Soll	Bereinigung Haben	HB 2 Aktiven	HB 2 Passiven
Diverse Aktiven	600				600	
Warenvorrat	200				200	
Patente			80	48 ◆ 16	16	
Diverses Fremdkapital		386				386
Rückstellungen		24	5 ◆ 3 ◆ 4			12
Latente Steuerschulden			9 ◆ 1	17		7
Aktienkapital		200				200
Gesetzliche Reserven		40	40			
Freie Reserven		110	30 ◆ 80			
Kapitalreserven			17	80 ◆ 5 ◆ 40 ◆ 30		138
Gewinnreserven			48	3 ◆ 9 ◆ 80		44
Gewinn Bilanz		40	16	4 ◆ 1		29
	800	800	333	333	816	816

Erfolgsrechnungen	HB 1 Aufwand	HB 1 Ertrag	Bereinigung Soll	Bereinigung Haben	HB 2 Aufwand	HB 2 Ertrag
Warenertrag		2 000				2 000
Warenaufwand	1 200				1 200	
Abschreibungen	70		16		86	
Rückstellungsaufwand	17			4	13	
Diverser Aufwand	663				663	
Tatsächliche Ertragssteuern	10				10	
Latenter Steuerertrag				1		1
Gewinn ER	40		4 ◆ 1	16	29	
	2 000	2 000	21	21	2 001	2 001

Legende

- **80** Neubewertungen im Erwerbszeitpunkt
- **40** Reservenumgliederungen im Erwerbszeitpunkt
- 48 Kumulierte Bereinigungen nach Erwerb bis 01.01.20_4
- 16 Erfolgswirksame Bereinigungen 20_4
- 80 Umbuchung Gewinnreserven per 31.12.20_4

Ertragssteuern 21 — Lösung 21.03

b)

Konsolidierungsbogen per Ende 20_4

Bilanzen	M (HB 2) Aktiven	M (HB 2) Passiven	T (HB 2) Aktiven	T (HB 2) Passiven	Konsolidierung Soll	Konsolidierung Haben	Konzern Aktiven	Konzern Passiven
Diverse Aktiven	2 000		600				2 600	
Warenvorrat	500		200			20	680	
Beteiligung an T	356					200 ◆ 138 ◆ 18		
Patente			16				16	
Goodwill					18		18	
Latente Steuerguthaben	14						14	
Diverses Fremdkapital		720		386				1 106
Rückstellungen		70		12				82
Latente Steuerschulden				7	5			2
Aktienkapital		1 000		200	200			1 000
Kapitalreserven		400		138	138			400
Gewinnreserven		600		44		16		660
Gewinn Bilanz		80		29	20 ◆ 16	5		78
	2 870	2 870	816	816	397	397	3 328	3 328

Erfolgsrechnungen	M (HB 2) Aufwand	M (HB 2) Ertrag	T (HB 2) Aufwand	T (HB 2) Ertrag	Konsolidierung Soll	Konsolidierung Haben	Konzern Aufwand	Konzern Ertrag
Warenertrag		5 000		2 000	300			6 700
Beteiligungsertrag		16			16			
Warenaufwand	3 500		1 200		20	300	4 420	
Abschreibungen	200		86				286	
Rückstellungsaufwand	70		13				83	
Diverser Aufwand	1 146		663				1 809	
Tatsächliche Ertragssteuern	14		10				24	
Latenter Steueraufwand	6						6	
Latenter Steuerertrag				1		5		6
Gewinn Erfolgsrechnung	80		29		5	20 ◆ 16	78	
	5 016	5 016	2 001	2 001	341	341	6 706	6 706

1. Die wichtigsten Entstehungsgründe für latente Steuerguthaben sind Bewertungsdifferenzen zwischen Konzern- und Steuerbilanz sowie vorhandene Verlustvorträge, sofern in Folgeperioden ausreichende Gewinne erzielt werden können.

2. Sofern das latente Steuerguthaben abgenommen hat, entsteht ein latenter Steueraufwand.

3. Die Elimination der konzerninternen Dividendenausschüttung ist wohl eine erfolgswirksame Buchung, führt aber nicht zu unterschiedlichen Bewertungen von Vermögens- oder Schuldenpositionen, weshalb keine latenten Steuerschulden berücksichtigt werden müssen.

4. Eine Verrechnung ist nur möglich, wenn es sich um dasselbe Steuersubjekt sowie dieselbe Steuerhoheit handelt.

Ertragssteuern

21.04

Bereinigungen Ende 20_4

	Text	Soll	Haben	Betrag
a)	Bereinigung im Erwerbszeitpunkt	Warenvorrat	Kapitalreserven	180
		Kapitalreserven	Latente Steuerschulden	36
		Warenvorrat	MAK	60
		MAK	Latente Steuerschulden	12
	Bereinigung Anfang 20_4	Warenvorrat	Gewinnreserven	90
		Gewinnreserven	Latente Steuerschulden	18
		Warenvorrat	MAK	30
		MAK	Latente Steuerschulden	6
	Bereinigung 20_4	Warenvorrat	Gewinn Bilanz	60
		Gewinn Bilanz	Latente Steuerschulden	12
		Warenvorrat	MAG Bilanz	20
		MAG Bilanz	Latente Steuerschulden	4
		Gewinn ER	Warenaufwand	60
		Latenter Steueraufwand	Gewinn ER	12
		MAG ER	Warenaufwand	20
		Latenter Steueraufwand	MAG ER	4
b)	Bereinigung im Erwerbszeitpunkt	Patent	Kapitalreserven	450
		Kapitalreserven	Latente Steuerschulden	90
		Patent	MAK	150
		MAK	Latente Steuerschulden	30
	Bereinigung Anfang 20_4	Gewinnreserven	WB Patent	225
		Latente Steuerschulden	Gewinnreserven	45
		MAK	WB Patent	75
		Latente Steuerschulden	MAK	15
	Bereinigung 20_4	Gewinn Bilanz	WB Patent	75
		Latente Steuerschulden	Gewinn Bilanz	15
		MAG Bilanz	WB Patent	25
		Latente Steuerschulden	MAG Bilanz	5
		Abschreibungen	Gewinn ER	75
		Gewinn ER	Latenter Steuerertrag	15
		Abschreibungen	MAG ER	25
		Gewinn ER	Latenter Steuerertrag	5

Ertragssteuern 21 Lösung 21.04

	Text	Soll	Haben	Betrag
c)	Bereinigung Anfang 20_4	Gewinnreserven	Sachanlagen	210
		Latente Steuerguthaben	Gewinnreserven	42
		MAK	Sachanlagen	70
		Latente Steuerguthaben	MAK	14
		WB Sachanlagen	Gewinnreserven	30
		Gewinnreserven	Latente Steuerguthaben	6
		WB Sachanlagen	MAK	10
		MAK	Latente Steuerguthaben	2
	Bereinigung 20_4	WB Sachanlagen	Gewinn Bilanz	60
		Gewinn Bilanz	Latente Steuerguthaben	12
		WB Sachanlagen	MAG Bilanz	20
		MAG Bilanz	Latente Steuerguthaben	4
		Gewinn ER	Abschreibungen	60
		Latenter Steueraufwand	Gewinn ER	12
		MAG ER	Abschreibungen	20
		Latenter Steueraufwand	MAG ER	4

Latente Steueraufwände und Steuererträge bzw. latente Steuerguthaben und Steuerschulden könnten in den obigen Geschäftsfällen verrechnet werden, da es sich um dasselbe Steuersubjekt und dieselbe Steuerhoheit handelt.

21.05

Nr.	Aussage	Richtig	Falsch
1	Latente Steuerabgrenzungen ergeben sich grundsätzlich aufgrund von temporären Differenzen bei Aktiven und Verbindlichkeiten in Steuer- und Konzernbilanz.	X	
2	Latente Steuerschulden sind als kurzfristiges Fremdkapital auszuweisen.		X
3	Permanente Differenzen lösen sich im Zeitablauf nicht auf, weshalb keine latenten Steuerabgrenzungen vorzunehmen sind.	X	
4	Auf dem Goodwill ist keine latente Steuerabgrenzung zu bilden, weil der Goodwill eine Residualgrösse darstellt.	X	
5	Verlustvorträge können zu einer aktiven latenten Steuerabgrenzung führen.	X	
6	Die im Konzernabschluss tieferen Garantierückstellungen führen zu einer aktiven latenten Steuerabgrenzung.		X
7	Bei Beteiligungen an assoziierten Gesellschaften (Equity-Methode) werden keine latenten Steuerabgrenzungen vorgenommen.		X
8	Nicht realisierte Zwischengewinne aus konzerninternen Warenlieferungen führen zu latenten Steuerguthaben.	X	
9	Für die Berechnung der latenten Steuern ist nicht der aktuelle Steuersatz massgeblich, sondern der tatsächlich zu erwartende.	X	
10	Aktive und passive latente Ertragssteuern dürfen saldiert werden, soweit sie dasselbe Steuersubjekt und dieselbe Steuerhoheit betreffen.	X	

22

Währungsumrechnung

22.01

Konzern-Schlussbilanzen

	20_0	20_1
Aktiven		
Flüssige Mittel	80	68
Debitoren	160	211
Sachanlagen	250	288
	490	567
Passiven		
Aktienkapital	400	450
Reserven	90	90
Umrechnungsdifferenzen		– 32
Gewinn Bilanz		59
	490	567

Konzern-Erfolgsrechnung 20_1

Ertrag	660
./. Diverser Baraufwand	–543
./. Abschreibungen	– 58
= Gewinn ER	**59**

Konzern-Geldflussrechnung 20_1

Geldfluss aus Betriebstätigkeit	
Gewinn	59
+ Abschreibungen	58
./. Zunahme Debitoren	– 17
	100
Geldfluss aus Investitionstätigkeit	
./. Akquisition von T (150–30)	–120
./. Kauf Sachanlagen	– 35
Geldfluss aus Finanzierungstätigkeit	
+ Erhöhung Aktienkapital	50
./. Umrechnungsdifferenzen auf den flüssigen Mitteln	– 7
= Abnahme flüssige Mittel	– 12
+ Anfangsbestand flüssige Mittel	80
= Schlussbestand flüssige Mittel	68

Währungsumrechnung 22 Lösung 22.01

Umrechnungsdifferenzen auf den Nettoaktiven von T

Text	Berechnung	Betrag
Währungsverlust auf dem Anfangsbestand der Nettoaktiven von T	USD 100 • (1.20 – 1.50) CHF/USD	–30
./. Währungsverlust auf dem Jahresgewinn von T	USD 20 • (1.20 – 1.30) CHF/USD	– 2
= Umrechnungsdifferenzen auf den Nettoaktiven von T		–32

Debitorenzunahme

Text	Berechnung	Betrag
Zunahme der Debitoren gemäss Konzernbilanz	CHF 211 – CHF 160	51
./. Bei Akquisition übernommene Debitoren von T		–45
+ Kursverlust auf übernommenen Debitoren von T	USD 30 • (1.20 – 1.50) CHF/USD	9
+ Kursverlust auf Debitorenzunahme von T	USD 20 • (1.20 – 1.30) CHF/USD	2
= Zunahme der Debitoren aus Geschäftstätigkeit		17

Umrechnungsdifferenzen auf den flüssigen Mitteln von T

Text	Berechnung	Betrag
Kursverlust auf übernommenen flüssigen Mitteln von T	USD 20 • (1.20 – 1.50) CHF/USD	–6
./. Kursverlust auf Zunahme der flüssigen Mittel von T	USD 10 • (1.20 – 1.30) CHF/USD	–1
= Umrechnungsdifferenzen auf den flüssigen Mitteln von T		–7

Währungsumrechnung 22

22.02

a)

Bilanz T (HB 2) per 31.12. 20_4

	USD	Kurs	CHF
Aktiven			
Diverse Aktiven	120	1.40	168
Warenvorrat	90	1.40	126
Sachanlagen	150	1.40	210
	360		504
Passiven			
Fremdkapital	130	1.40	182
Aktienkapital	100	2.00	200
Kapitalreserven	80	2.00	160
Gewinnreserven	40	1.70	68
Umrechnungsdifferenzen			①–121
Gewinn Bilanz	10	1.50	15
	360		504

Bilanz T (HB 2) per 31.12. 20_5

	USD	Kurs	CHF
Aktiven			
Diverse Aktiven	140	1.10	154
Warenvorrat	80	1.10	88
Sachanlagen	200	1.10	220
	420		462
Passiven			
Fremdkapital	170	1.10	187
Aktienkapital	100	2.00	200
Kapitalreserven	80	2.00	160
Gewinnreserven	50	②	83
Umrechnungsdifferenzen			③–192
Gewinn Bilanz	20	1.20	24
	420		462

Erfolgsrechnung T (HB 2) für 20_5

	USD	Kurs	CHF
Warenertrag	800	1.20	960
./. Warenaufwand	–500	1.20	–600
./. Abschreibungen	–30	1.20	–36
./. Diverser Aufwand	–250	1.20	–300
= Gewinn	**20**		**24**

---

① Die kumulativen Umrechnungsdifferenzen ergeben sich hier als Residualgrösse; mangels weiterer Angaben lassen sie sich nicht detailliert nachweisen.

② Die Gewinnreserven setzen sich Ende 20_5 wie folgt zusammen:

Zurückbehaltener Gewinn 20_3	USD 40 • CHF 1.70/USD	68
+ Zurückbehaltener Gewinn 20_4	USD 10 • CHF 1.50/USD	15
= Total		83

③ Die kumulativen Umrechnungsdifferenzen per 31.12. 20_5 können wie folgt rechnerisch belegt werden:

./. Kumulative Umrechnungsverluste am 01.01. 20_5		–121
./. Kursverlust auf Anfangsbestand der Nettoaktiven	USD 230 • CHF 0.30/USD	–69
./. Kursverlust auf Jahresgewinn 20_5	USD 20 • CHF –0.10/USD	–2
= Umrechnungsdifferenzen per 31.12. 20_5		–192

Währungsumrechnung 22 — Lösung 22.02

b)

Konsolidierungsjournal 31.12.20_5

Nr.	Text	Soll	Haben	Betrag
1	Kapitalkonsolidierung	Aktienkapital	Beteiligung an T	200
		Kapitalreserven	Beteiligung an T	160
		Goodwill	Beteiligung an T	40
		Umrechnungsdifferenzen	Goodwill	①12
		Umrechnungsdifferenzen	Goodwill	6
2	T lieferte M Handelswaren im Fakturawert von USD 100 (Konzerneinstand USD 75), von denen M 80% an Dritte weiterverkaufte.	Warenertrag	Warenaufwand	120
	Der Anfangsbestand an Warenvorräten aus konzerninterner Lieferung betrug CHF 8 (Konzerneinstand CHF 6); er wurde während des Jahres an Dritte veräussert.	Gewinnreserven	Warenvorrat	2
		Gewinn Bilanz	Warenvorrat	②4
		Warenaufwand	Gewinn ER	4
3	M zahlte im April eine Dividende von 10% aus und erhöhte das Aktienkapital Mitte Jahr um nominal 100 mit einem Agio von 50%.	Keine Buchungen		

Konzern-Eigenkapitalnachweis per 31.12.20_5

	Aktienkapital	Kapitalreserven	Gewinnreserven (inkl. Gewinn)	Umrechnungs-differenzen	Total
Anfangsbestand per 01.01.20_5	400	250	491	③–133	1 008
./. Dividendenauszahlung			– 40		– 40
+ Kapitalerhöhung	100	50			150
+ Gewinn			130		130
./. Zunahme Umrechnungsdifferenzen				④– 77	– 77
= Schlussbestand per 31.12.20_5	500	300	581	–210	1 171

①–④ Fussnoten auf rechter Seite

Währungsumrechnung 22 Lösung 22.02

Konsolidierungsbogen Ende 20_5

Bilanzen	M Aktiven	M Passiven	T Aktiven	T Passiven	Konsolidierungsbuchungen Soll	Konsolidierungsbuchungen Haben	Konzern Aktiven	Konzern Passiven
Diverse Aktiven	600		154				754	
Warenvorrat	130		88			2 ♦ 4	212	
Sachanlagen	800		220				1 020	
Beteiligung an T	400					200 ♦ 160 ♦ 40		
Goodwill					40	12 ♦ 6	22	
Fremdkapital		650		187				837
Aktienkapital		500		200	200			500
Kapitalreserven		300		160	160			300
Gewinnreserven		370		83	2			451
Umrechnungsdifferenzen				−192	12 ♦ 6			− 210
Gewinn Bilanz		110		24	4			130
	1 930	1 930	462	462	424	424	2 008	2 008

Erfolgsrechnungen	M Aufwand	M Ertrag	T Aufwand	T Ertrag	Konsolidierungsbuchungen Soll	Konsolidierungsbuchungen Haben	Konzern Aufwand	Konzern Ertrag
Warenertrag		4 000		960	120			4 840
Warenaufwand	2 500		600		4	120	2 984	
Abschreibungen	150		36				186	
Diverser Aufwand	1 240		300				1 540	
Gewinn ER	110		24			4	130	
	4 000	4 000	960	960	124	124	4 840	4 840

Fussnoten zur linken Seite

① Die Umrechnungsdifferenz auf dem Goodwill setzt sich wie folgt zusammen:

Umrechnungsdifferenz auf dem Anfangsbestand	USD 20 • (1.40 − 2.00)	CHF −12
./. Umrechnungsdifferenz des laufenden Jahres	USD 20 • (1.10 − 1.40)	CHF − 6
= Umrechnungsdifferenz auf Schlussbestand	USD 20 • (1.10 − 2.00)	CHF −18

Die Umrechnungsdifferenzen wurden in der Lösung mit zwei Buchungen von 12 und 6 aufgeführt; sie könnten auch mit einer einzigen Buchung von 18 erfasst werden.

② Der Einstandspreis von M für die unverkaufte Lieferung beträgt CHF 24 (USD 20 zum Kurs CHF 1.20/USD). Der Konzerneinstandswert beträgt nur CHF 18 (Bruttogewinnmarge von T = 25%), was einem nicht realisierten Zwischengewinn von 6 entspricht. Das ist gegenüber dem Anfangsbestand von 2 eine Erhöhung um 4.

③ Der Anfangsbestand der Umrechnungsdifferenz beträgt nicht −121 (Einzelabschluss von T); sie erhöht sich aus Konzernsicht um den seit Erwerb bis 31. 12. 20_4 erlittenen Währungsverlust auf dem Goodwill von CHF −12 (USD 20 • CHF −0.60/USD).

④ Die Zunahme der Umrechnungsdifferenzen lässt sich rechnerisch wie folgt nachweisen:

Differenz gemäss Anfangs- und Schlussbilanzen von T	CHF 121 − CHF 192	−71
./. Kursverlust auf Goodwill 20_5	USD 20 • CHF −0.30/USD	− 6
= Zunahme Umrechnungsdifferenzen 20_5		−77

22 Währungsumrechnung

22.03

a)

Fortschreibung der Beteiligung an A

	Text	EUR	Umrechnung	CHF
	Kauf Beteiligung an A	2 000		2 800
./.	Dividendenausschüttung	− 100	Transaktionskurs 1.42	− 142
+	Gewinnanteil	400	Durchschnittskurs 1.48	592
+	Umrechnungsdifferenzen			200
=	**Bestand am 31.12. 20_1**	**2 300**	Schlusskurs 1.50	**3 450**
./.	Dividendenausschüttung	− 200	Transaktionskurs 1.55	− 310
+	Gewinnanteil	300	Durchschnittskurs 1.58	474
+	Umrechnungsdifferenzen			226
=	**Bestand am 31.12. 20_2**	**2 400**	Schlusskurs 1.60	**3 840**
./.	Dividendenausschüttung	− 200	Transaktionskurs 1.62	− 324
./.	Verlustanteil	− 100	Durchschnittskurs 1.56	− 156
./.	Umrechnungsdifferenzen			− 210
=	**Bestand am 31.12. 20_3**	**2 100**	Schlusskurs 1.50	**3 150**

b)

Text	Soll	Haben	Betrag
Eröffnung per 01. 01. 20_2	Beteiligung an A	Bilanz	2 800
Dividendenertrag	Bank	Ertrag assoz. Gesellschaft	310
Übertrag auf Bilanz per 31.12. 20_2	Bilanz	Beteiligung an A	2 800

c)

Text	Soll	Haben	Betrag
Erfolgsneutrale Anpassungen des Equity-Werts aus Vorperiode	Beteiligung an A	Gewinnreserven	450
	Beteiligung an A	Umrechnungsdifferenzen	200
Erfolgswirksame Anpassung des Equity-Werts in der Berichtsperiode	Beteiligung an A	Gewinn Bilanz	164
	Gewinn ER	Ertrag assoz. Gesellschaft	164
Anpassung Umrechnungsdifferenzen	Beteiligung an A	Umrechnungsdifferenzen	226

d)

Umrechnungsdifferenzen per Ende 20_1		200
+ Kursgewinn des Equity-Werts seit Anfang 20_2	EUR 2 300 • CHF 0.10/EUR	+230
./. Kursverlust auf anteiliger Dividendenausschüttung (der Geldausgang erfolgte zum Transaktionskurs von 1.55, die Reduktion in den Nettoaktiven erfolgte zum Bilanzschlusskurs von 1.60)	EUR 200 • CHF −0.05/EUR	− 10
+ Kursgewinn auf anteiligem Jahresgewinn (zum Durchschnittskurs von 1.58 erzielt, in der Schlussbilanz zu 1.60 bilanziert)	EUR 300 • CHF 0.02/EUR	+ 6
= **Umrechnungsdifferenzen per Ende 20_2**		**426**

Währungsumrechnung 22

22.04

a)

Bilanz T (HB 2) per 31.12. 20_3

	EUR	Kurs	CHF
Aktiven			
Diverse Aktiven	230	1.40	322
Warenvorrat	90	1.40	126
Sachanlagen	340	1.40	476
WB Sachanlagen	−120	1.40	−168
	540		756
Passiven			
Fremdkapital	150	1.40	210
Aktienkapital	200	1.70	340
Kapitalreserven	90	1.70	153
Gewinnreserven	60	1.65	99
Umrechnungsdifferenzen			①−104
Gewinn Bilanz	40	1.45	58
	540		756

Bilanz T (HB 2) per 31.12. 20_4

	EUR	Kurs	CHF
Aktiven			
Diverse Aktiven	230	1.60	368
Warenvorrat	100	1.60	160
Sachanlagen	430	1.60	688
WB Sachanlagen	−160	1.60	−256
	600		960
Passiven			
Fremdkapital	180	1.60	288
Aktienkapital	200	1.70	340
Kapitalreserven	90	1.70	153
Gewinnreserven	80	②	124
Umrechnungsdifferenzen			③− 20
Gewinn Bilanz	50	1.50	75
	600		960

Erfolgsrechnung T (HB 2) für 20_4

	EUR	Kurs	CHF
Warenertrag	1 200	1.50	1 800
./. Warenaufwand	− 700	1.50	−1 050
./. Abschreibungen	− 40	1.50	− 60
./. Diverser Aufwand	− 410	1.50	− 615
= Gewinn	**50**	**1.50**	**75**

① Die kumulativen Umrechnungsdifferenzen per 31.12. 20_3 lassen sich wie folgt rechnerisch belegen:

./. Umrechnungsverluste Aktienkapital und Kapitalreserven	EUR 290 • CHF 0.30/EUR	− 87
+ Umrechnungsverluste auf Gewinnreserven	EUR 60 • CHF 0.25/EUR	− 15
+ Umrechnungsverlust auf Jahresgewinn	EUR 40 • CHF 0.05/EUR	− 2
= Umrechnungsdifferenzen per 31.12. 20_3		−104

② Die Gewinnreserven setzen sich Ende 20_4 wie folgt zusammen:

Gewinnreserven Ende 20_3 ./. Dividendenauszahlung 20_4	EUR 40 • CHF 1.65/EUR	66
+ Zurückbehaltener Gewinn 20_3	EUR 40 • CHF 1.45/EUR	58
= Total		124

③ Die kumulativen Umrechnungsdifferenzen per 31.12. 20_4 können wie folgt rechnerisch belegt werden:

./. Kumulative Umrechnungsverluste am 01.01. 20_3		−104
+ Kursgewinn auf Anfangsbestand der Nettoaktiven	EUR 390 • CHF 0.20	78
+ Kursgewinn auf Dividendenauszahlung	EUR 20 • CHF 0.05	1
+ Kursgewinn auf Jahresgewinn	EUR 50 • CHF 0.10	5
= Umrechnungsdifferenzen per 31.12. 20_4		− 20

Währungsumrechnung 22 — Lösung 22.04

b)

Konsolidierungsjournal 31. 12. 20_4

Nr.	Text	Soll	Haben	Betrag
1	Kapitalkonsolidierung	Aktienkapital	Beteiligung an T	340
		Kapitalreserven	Beteiligung an T	153
		Goodwill	Beteiligung an T	51
2	Währungsdifferenzen auf Goodwill (Anfang 20_4 und Veränderung 20_4)	Umrechnungsdifferenzen	Goodwill	9
		Goodwill	Umrechnungsdifferenzen	6
3	M lieferte T Handelswaren im Fakturawert von CHF 100 mit einer seit langem konstanten Bruttomarge von 25%, die von T teilweise an Dritte weiterverkauft wurden. Die Warenvorräte aus konzerninternen Lieferungen betrugen bei T Anfang Jahr EUR 20 und Ende Jahr EUR 30.	Warenertrag	Warenaufwand	100
		Gewinnreserven	Warenvorrat	7
		Gewinn Bilanz	Warenvorrat	①5
		Warenaufwand	Gewinn ER	5
4	T lieferte M am 01. 01. 20_2 eine selbst hergestellte Sachanlage für EUR 30 (Herstellkosten EUR 20), die M zum damaligen Transaktionskurs von CHF 1.80/EUR erfasste. Die Abschreibung erfolgt linear über eine Nutzungsdauer von sechs Jahren.	Gewinnreserven	Sachanlagen	18
		WB Sachanlagen	Gewinnreserven	6
		WB Sachanlagen	Gewinn Bilanz	3
		Gewinn ER	Abschreibungen	3
5	Dividendenausschüttung von T an M zum Transaktionskurs von CHF 1.55/EUR.	Gewinn Bilanz	Gewinnreserven	31
		Beteiligungsertrag	Gewinn ER	31
6	M führte im April eine Aktienkapitalerhöhung von nominal 100 mit einem Agio von 50 durch. Die Dividendenausschüttung betrug 15%, wobei die neuen Aktien noch nicht berechtigt waren.	Keine Buchungen		

Konzern-Eigenkapitalnachweis per 31. 12. 20_4

	Aktienkapital	Kapitalreserven	Gewinnreserven (inkl. Gewinn)	Umrechnungs-differenzen	Total Eigenkapital
Anfangsbestand per 01. 01. 20_4	600	150	765	–113	1 402
+ Kapitalerhöhung	100	50			150
./. Dividendenausschüttung			– 90		– 90
+ Gewinn			203		203
+ Abnahme Umrechnungsdifferenzen				②90	90
= Schlussbestand per 31.12. 20_4	700	200	878	– 23	1 755

① Die Warenvorräte sind zu Stichtagskursen umzurechnen; die Zunahme ergibt sich als Residualgrösse:

		Bestand 100%	Zwischengewinn 25%
Anfangsbestand	EUR 20 • CHF 1.40/EUR	CHF 28	CHF 7
Schlussbestand	EUR 30 • CHF 1.60/EUR	CHF 48	CHF 12
Zunahme		CHF 20	CHF 5

② Die Veränderung von 90 setzt sich zusammen aus 84 bei der Umrechnung von T zuzüglich 6 bei der Umrechnung des Goodwills.

Währungsumrechnung **22** Lösung 22.04

Konsolidierungsbogen per Ende 20_4

Bilanzen	M Aktiven	M Passiven	T Aktiven	T Passiven	Konsolidierungsbuchungen Soll	Konsolidierungsbuchungen Haben	Konzern Aktiven	Konzern Passiven
Diverse Aktiven	800		368				1 168	
Warenvorrat	200		160			7 ♦ 5	348	
Sachanlagen	1 200		688			18	1 870	
WB Sachanlagen	− 300		−256		6 ♦ 3		− 547	
Beteiligung an T	544					340 ♦ 153 ♦ 51		
Goodwill					51 ♦ 6	9	48	
Fremdkapital		844		288				1 132
Aktienkapital		700		340	340			700
Kapitalreserven		200		153	153			200
Gewinnreserven		539		124	7 ♦ 18	31 ♦ 6		675
Umrechnungsdifferenzen				− 20	9	6		− 23
Gewinn Bilanz		161		75	5 ♦ 31	3		203
	2 444	2 444	960	960	629	629	2 887	2 887

Erfolgsrechnungen	M Aufwand	M Ertrag	T Aufwand	T Ertrag	Konsolidierungsbuchungen Soll	Konsolidierungsbuchungen Haben	Konzern Aufwand	Konzern Ertrag
Warenertrag		3 000		1 800	100			4 700
Beteiligungsertrag		31			31			
Warenaufwand	1 800		1 050		5	100	2 755	
Abschreibungen	160		60			3	217	
Diverser Aufwand	910		615				1 525	
Gewinn ER	161		75		3	5 ♦ 31	203	
	3 031	3 031	1 800	1 800	139	139	4 700	4 700

23

Mehrstufige Konsolidierung

23.01
a)

Konsolidierungsjournal 31. 12. 20_4

Text	Soll	Haben	Betrag
Kapitalkonsolidierung Beteiligung T an E	Aktienkapital	Beteiligung an E	30
	Kapitalreserven	Beteiligung an E	10
	Goodwill	Beteiligung an E	7
Umsatzkonsolidierung	Warenertrag	Warenaufwand	48
Anfangsbestand Zwischengewinn	Gewinnreserven	Warenvorrat	2
Zunahme Zwischengewinn	Gewinn Bilanz	Warenvorrat	1
	Warenaufwand	Gewinn ER	1
Elimination konzerninterne Gewinnausschüttung durch E	Gewinn Bilanz	Gewinnreserven	3
	Finanzertrag	Gewinn ER	3

Konsolidierungsbogen Ende 20_4

Bilanzen	T Aktiven	T Passiven	E Aktiven	E Passiven	Konsolidierung Soll	Konsolidierung Haben	Teilkonzern Aktiven	Teilkonzern Passiven
Diverse Aktiven	130		90				220	
Warenvorrat	73		44			2 ◆ 1	114	
Beteiligung an E	47					30 ◆ 10 ◆ 7		
Goodwill					7		7	
Fremdkapital		110		70				180
Aktienkapital		60		30	30			60
Kapitalreserven		40		10	10			40
Gewinnreserven		23		13	2	3		37
Gewinn Bilanz		17		11	1 ◆ 3			24
	250	250	134	134	53	53	341	341

Erfolgsrechnungen	T Aufwand	T Ertrag	E Aufwand	E Ertrag	Konsolidierung Soll	Konsolidierung Haben	Teilkonzern Aufwand	Teilkonzern Ertrag
Warenertrag		600		240	48			792
Finanzertrag		8			3			5
Warenaufwand	400		170		1	48	523	
Übriger Aufwand	191		59				250	
Gewinn ER	17		11			1 ◆ 3	24	
	608	608	240	240	52	52	797	797

Mehrstufige Konsolidierung — 23 — Lösung 23.01

b)

Konsolidierungsjournal 31. 12. 20_4

Text	Soll	Haben	Betrag
Kapitalkonsolidierung Beteiligung H an T	Aktienkapital	Beteiligung an T	60
	Kapitalreserven	Beteiligung an T	40
	Goodwill	Beteiligung an T	9
Umsatzkonsolidierung	Warenertrag	Warenaufwand	140
Anfangsbestand Zwischengewinn	Gewinnreserven	Warenvorräte	5
Abnahme Zwischengewinn	Warenvorrat	Gewinn Bilanz	2
	Gewinn ER	Warenaufwand	2
Elimination konzerninterne Gewinnausschüttung durch T	Gewinn Bilanz	Gewinnreserven	12
	Finanzertrag	Gewinn ER	12

Konsolidierungsbogen Ende 20_4

Bilanzen	H Aktiven	H Passiven	Teilkonzern T/E Aktiven	Teilkonzern T/E Passiven	Konsolidierung Soll	Konsolidierung Haben	Konzern Aktiven	Konzern Passiven
Diverse Aktiven	300		220				520	
Warenvorrat	95		114		2	5	206	
Beteiligung an T	109					60 ◆ 40 ◆ 9		
Goodwill			7		9		16	
Fremdkapital		195		180				375
Aktienkapital		150		60	60			150
Kapitalreserven		70		40	40			70
Gewinnreserven		55		37	5	12		99
Gewinn Bilanz		34		24	12	2		48
	504	504	341	341	128	128	742	742

Erfolgsrechnungen	H Aufwand	H Ertrag	Teilkonzern T/E Aufwand	Teilkonzern T/E Ertrag	Konsolidierung Soll	Konsolidierung Haben	Konzern Aufwand	Konzern Ertrag
Warenertrag		900		792	140			1 552
Finanzertrag		16		5	12			9
Warenaufwand	500		523			140 ◆ 2	881	
Übriger Aufwand	382		250				632	
Gewinn ER	34		24		2	12	48	
	916	916	797	797	154	154	1 561	1 561

Mehrstufige Konsolidierung 23

Lösung 23.01

c)

Konsolidierungsjournal 31. 12. 20_4

Text	Soll	Haben	Betrag
Kapitalkonsolidierung Beteiligung H an T	Aktienkapital	Beteiligung an T	60
	Kapitalreserven	Beteiligung an T	40
	Goodwill	Beteiligung an T	9
Kapitalkonsolidierung Beteiligung T an E	Aktienkapital	Beteiligung an E	30
	Kapitalreserven	Beteiligung an E	10
	Goodwill	Beteiligung an E	7
Umsatzkonsolidierung T an H	Warenertrag	Warenaufwand	140
E an T	Warenertrag	Warenaufwand	48
Anfangsbestand Zwischengewinn bei H	Gewinnreserven	Warenvorräte	5
bei T	Gewinnreserven	Warenvorräte	2
Abnahme Zwischengewinn bei H	Warenvorrat	Gewinn Bilanz	2
	Gewinn ER	Warenaufwand	2
Zunahme Zwischengewinn bei T	Gewinn Bilanz	Warenvorrat	1
	Warenaufwand	Gewinn ER	1
Elimination konzerninterne Gewinnausschüttung durch T	Gewinn Bilanz	Gewinnreserven	12
	Finanzertrag	Gewinn ER	12
Elimination konzerninterne Gewinnausschüttung durch E	Gewinn Bilanz	Gewinnreserven	3
	Finanzertrag	Gewinn ER	3

Mehrstufige Konsolidierung

23 Lösung 23.01

Konsolidierungsbogen Ende 20_4

Bilanzen	H Aktiven	H Passiven	T Aktiven	T Passiven	E Aktiven	E Passiven	Konsolidierung Soll	Konsolidierung Haben	Konzern Aktiven	Konzern Passiven
Diverse Aktiven	300		130		90				520	
Warenvorrat	95		73		44		2	5◆2◆1	206	
Beteiligung an T	109							60◆40◆9		
Beteiligung an E			47					30◆10◆7		
Goodwill							9◆7		16	
Fremdkapital		195		110		70				375
Aktienkapital		150		60		30	60◆30			150
Kapitalreserven		70		40		10	40◆10			70
Gewinnreserven		55		23		13	5◆2	12◆3		99
Gewinn Bilanz		34		17		11	1◆12◆3	2		48
	504	504	250	250	134	134	181	181	742	742

Erfolgs-rechnungen	H Aufwand	H Ertrag	T Aufwand	T Ertrag	E Aufwand	E Ertrag	Konsolidierung Soll	Konsolidierung Haben	Konzern Aufwand	Konzern Ertrag
Warenertrag		900		600		240	140◆48			1 552
Finanzertrag		16		8			12◆3			9
Warenaufwand	500		400		170		1	140◆48◆2	881	
Übriger Aufwand	382		191		59				632	
Gewinn ER	34		17		11		2	1◆12◆3	48	
	916	916	608	608	240	240	206	206	1 561	1 561

Mehrstufige Konsolidierung 23

23.02
a)

Konsolidierungsjournal Ende 20_7

Text	Soll	Haben	Betrag
Kapitalkonsolidierung	Aktienkapital	Beteiligung an E	80
	Kapitalreserven	Beteiligung an E	40
	Goodwill	Beteiligung an E	9
Minderheitsanteile am Eigenkapital	Aktienkapital	MAK	20
	Kapitalreserven	MAK	10
	Gewinnreserven	MAK	14
Minderheitsanteile am Ergebnis	Gewinn Bilanz	MAG Bilanz	5
	MAG ER	Gewinn ER	5
Dividendenausschüttung	Gewinn Bilanz	Gewinnreserven	12
	Finanzertrag	Gewinn ER	12

Konsolidierungsbogen Ende 20_7

Bilanzen	Subholding T Aktiven	Subholding T Passiven	E Aktiven	E Passiven	Konsolidierung Soll	Konsolidierung Haben	Teilkonzern T/E Aktiven	Teilkonzern T/E Passiven
Diverse Aktiven	210		280				490	
Warenvorrat	89		105				194	
Beteiligung an E	129					80 ♦ 40 ♦ 9		
Goodwill					9		9	
Fremdkapital		160		140				300
Aktienkapital		120		100	80 ♦ 20			120
Kapitalreserven		80		50	40 ♦ 10			80
Gewinnreserven		44		70	14	12		112
MAK						20 ♦ 10 ♦ 14		44
Gewinn Bilanz		24		25	5 ♦ 12			32
MAG Bilanz						5		5
	428	428	385	385	190	190	693	693

Erfolgsrechnungen	Subholding T Aufwand	Subholding T Ertrag	E Aufwand	E Ertrag	Konsolidierung Soll	Konsolidierung Haben	Teilkonzern T/E Aufwand	Teilkonzern T/E Ertrag
Warenertrag		900		1 200				2 100
Finanzertrag		16			12			4
Warenaufwand	550		700				1 250	
Übriger Aufwand	342		475				817	
Gewinn ER	24		25			5 ♦ 12	32	
MAG ER					5		5	
	916	916	1 200	1 200	17	17	2 104	2 104

Mehrstufige Konsolidierung

23 Lösung 23.02

b)

Konsolidierungsjournal 31. 12. 20_7

Text	Soll	Haben	Betrag
Kapitalkonsolidierung	Aktienkapital	Beteiligung an T	90
	Kapitalreserven	Beteiligung an T	60
	Goodwill	Beteiligung an T	14
Minderheitsanteile am Eigenkapital	Aktienkapital	MAK	30
	Kapitalreserven	MAK	20
	Gewinnreserven	MAK	28
Minderheitsanteile am Ergebnis	Gewinn Bilanz	MAG Bilanz	8
	MAG ER	Gewinn ER	8
Umsatzkonsolidierung	Warenertrag	Warenaufwand	130
Zwischengewinn Anfangsbestand	Gewinnreserven	Warenvorrat	12
	MAK	Warenvorrat	8
Zunahme Zwischengewinn	Gewinn Bilanz	Warenvorrat	6
	Warenaufwand	Gewinn ER	6
	MAG Bilanz	Warenvorrat	4
	Warenaufwand	MAG ER	4
Dividendenausschüttung	Gewinn Bilanz	Gewinnreserven	9
	Finanzertrag	Gewinn ER	9

---

① Diese Lieferung erfolgte über zwei Stufen und wird erst in der Hauptkonsolidierung berücksichtigt, weil es sich um eine Beziehung zwischen M und dem Teilkonzern T/E handelt. Der Zwischengewinn muss zweistufig aufgeteilt werden.

Variante 1: Berechnung in zwei Schritten

▷ Vom Anfangsbestand des Zwischengewinns von 20 betreffen 16 (80%) die Aktionäre von T und der Rest von 4 (20%) die Minderheitsaktionäre von E.

▷ Der oben berechnete Zwischengewinnanteil der Aktionäre von T von 16 muss aufgeteilt werden: Auf die Holdingaktionäre entfällt ein Anteil von 12 (75%) und auf die Minderheitsaktionäre von T ein solcher von 4 (25%). Somit betragen die Minderheitsanteile der Aktionäre von T und E zusammen total 8.

Variante 2: Berechnung in einem Schritt

Die indirekte Beteiligung der Holdingaktionäre an der E beträgt 60% (75% von 80%), weshalb auf dem Zwischengewinn auf den Vorräten von E ein Anteil von 12 (60%) den Holdingaktionären zuzurechnen ist; der Rest von 8 (40%) entfällt auf die Minderheitsaktionäre.

Mehrstufige Konsolidierung **23** Lösung 23.02

Konsolidierungsbogen Ende 20_7

Bilanzen	M Aktiven	M Passiven	Teilkonzern T/E Aktiven	Teilkonzern T/E Passiven	Konsolidierung Soll	Konsolidierung Haben	Konzern Aktiven	Konzern Passiven
Diverse Aktiven	515		490				1 005	
Warenvorrat	230		194			12 ◆ 8 ◆ 6 ◆ 4	394	
Beteiligung an T	164					90 ◆ 60 ◆ 14		
Goodwill			9		14		23	
Fremdkapital		400		300				700
Aktienkapital		250		120	90 ◆ 30			250
Kapitalreserven		90		80	60 ◆ 20			90
Gewinnreserven		130		112	28 ◆ 12	9		211
MAK				44	8	30 ◆ 20 ◆ 28		114
Gewinn Bilanz		39		32	8 ◆ 6 ◆ 9			48
MAG Bilanz				5	4	8		9
	909	909	693	693	289	289	1 422	1 422

Erfolgsrechnungen	M Aufwand	M Ertrag	Teilkonzern T/E Aufwand	Teilkonzern T/E Ertrag	Konsolidierung Soll	Konsolidierung Haben	Konzern Aufwand	Konzern Ertrag
Warenertrag		1 600		2 100	130			3 570
Finanzertrag		26		4	9			21
Warenaufwand	1 000		1 250		6 ◆ 4	130	2 130	
Übriger Aufwand	587		817				1 404	
Gewinn ER	39		32			8 ◆ 6 ◆ 9	48	
MAG ER			5		8	4	9	
	1 626	1 626	2 104	2 104	157	157	3 591	3 591

Konzern-Eigenkapital (nach Gewinnverbuchung) per 31. 12. 20_7

Aktienkapital	250
+ Kapitalreserven	90
+ Gewinnreserven (211 + 48)	259
= Den Holdingaktionären zurechenbares Eigenkapital	599
+ Minderheitsanteile am Eigenkapital (114 + 9)	123
= **Total Eigenkapital**	**722**

Konzern-Erfolgsrechnung 20_7

Warenertrag	3 570
+ Finanzertrag	21
./. Warenaufwand	−2 130
./. Übriger Aufwand	−1 404
= **Konzerngewinn**	**57**
Davon:	
▷ Anteil Holdingaktionäre	48
▷ Anteil Minderheitsaktionäre	9

Mehrstufige Konsolidierung — **23** Lösung 23.02

c)

Konsolidierungsjournal 31. 12. 20_7

Text	Soll	Haben	Betrag
Kapitalkonsolidierung Beteiligung T an E	Aktienkapital	Beteiligung an E	80
	Kapitalreserven	Beteiligung an E	40
	Goodwill	Beteiligung an E	9
Minderheitsanteile am Eigenkapital von E	Aktienkapital	MAK	20
	Kapitalreserven	MAK	10
	Gewinnreserven	MAK	14
Minderheitsanteile am Ergebnis von E	Gewinn Bilanz	MAG Bilanz	5
	MAG ER	Gewinn ER	5
Kapitalkonsolidierung Beteiligung M an T	Aktienkapital	Beteiligung an T	90
	Kapitalreserven	Beteiligung an T	60
	Goodwill	Beteiligung an T	14
Minderheitsanteile am Eigenkapital des Teilkonzerns T/E	Aktienkapital	MAK	30
	Kapitalreserven	MAK	20
	Gewinnreserven	MAK	① 28
Minderheitsanteile am Ergebnis des Teilkonzerns T/E	Gewinn Bilanz	MAG Bilanz	② 8
	MAG ER	Gewinn ER	8
Umsatzkonsolidierung	Warenertrag	Warenaufwand	130
Zwischengewinn Anfangsbestand	Gewinnreserven	Warenvorrat	12
	MAK	Warenvorrat	8
Zunahme Zwischengewinn	Gewinn Bilanz	Warenvorrat	6
	Warenaufwand	Gewinn ER	6
	MAG Bilanz	Warenvorrat	4
	Warenaufwand	MAG ER	4
Dividendenausschüttung E	Gewinn Bilanz	Gewinnreserven	12
	Finanzertrag	Gewinn ER	12
Dividendenausschüttung T	Gewinn Bilanz	Gewinnreserven	9
	Finanzertrag	Gewinn ER	9

① Die Minderheitsanteile an den Gewinnreserven des Teilkonzerns T sind wie folgt zu ermitteln:

25% der Gewinnreserven gemäss Einzelabschluss T	25% von 44	11
+ 25% der anteiligen Gewinnreserven gemäss Einzelabschluss E	25% von 80% von 70	14
+ 25% der anteiligen Dividendenausschüttung von E an T	25% von 12	3
= Minderheitsanteile am Teilkonzern T		28

② Die Minderheitsanteile am Gewinn des Teilkonzerns T sind wie folgt zu ermitteln:

25% des Gewinns gemäss Einzelabschluss T	25% von 24	6
+ 25% des anteiligen Gewinns gemäss Einzelabschluss E	25% von 80% von 25	5
./. 25% der anteiligen Dividendenausschüttung von E an T	25% von 12	− 3
= Minderheitsanteile am Teilkonzern T		8

Mehrstufige Konsolidierung — **23** Lösung 23.02

Konsolidierungsbogen Ende 20_7

Bilanzen	M Aktiven	M Passiven	T Aktiven	T Passiven	E Aktiven	E Passiven	Konsolidierung Soll	Konsolidierung Haben	Konzern Aktiven	Konzern Passiven
Diverse Aktiven	515		210		280				1 005	
Warenvorrat	230		89		105			12◆8◆6◆4	394	
Beteiligung an T	164							90◆60◆14		
Beteiligung an E			129					80◆40◆9		
Goodwill							9◆14		23	
Fremdkapital		400		160		140				700
Aktienkapital		250		120		100	80◆20◆ 90◆30			250
Kapitalreserven		90		80		50	40◆10◆ 60◆20			90
Gewinnreserven		130		44		70	14◆28◆12	12◆9		211
MAK							8	20◆10◆14 30◆20◆28		114
Gewinn Bilanz		39		24		25	5◆8◆6 ◆12◆9			48
MAG Bilanz							4	5◆8		9
	909	909	428	428	385	385	479	479	1 422	1 422

Erfolgs-rechnungen	M Aufwand	M Ertrag	T Aufwand	T Ertrag	E Aufwand	E Ertrag	Konsolidierung Soll	Konsolidierung Haben	Konzern Aufwand	Konzern Ertrag
Warenertrag		1 600		900		1 200	130			3 570
Finanzertrag		26		16			12◆9			21
Warenaufwand	1 000		550		700		6◆4	130	2 130	
Übriger Aufwand	587		342		475				1 404	
Gewinn ER	39		24		25		5◆8◆6 ◆12◆9		48	
MAG ER							5◆8	4	9	
	1 626	1 626	916	916	1 200	1 200	174	174	3 591	3 591

24

Veränderungen von Beteiligungsquoten

24.01

Teilaufgabe 1 — **Kauf einer assoziierten Gesellschaft**

a)

Equity-Wert von X per Ende 20_1

Anteiliges Eigenkapital im Erwerbszeitpunkt	40
+ Goodwill	10
= **Kaufpreis = Equity-Wert Anfang 20_1**	**50**
+ Anpassung Equity-Wert 20_1	2
= **Equity-Wert per Ende 20_1**	**52**

Teilaufgabe 2 — **Die assoziierte Gesellschaft wird zur Tochter**

b)

Entgelt für den Erwerb von X per Anfang 20_2

Kaufpreis für die zusätzliche Tranche von 40%	120
+ Fair Value für die bereits gehaltene 20%-Beteiligung	60
= **Entgelt für 60% der Aktien von X**	**180**

c)

Wertanpassung der 20%-Beteiligung

Fair Value der 20%-Beteiligung	60
./. Equity-Wert der 20%-Beteiligung	−52
= **Gewinn**	**8**

d)

Berechnung des Goodwills per Anfang 20_2

Entgelt für 60% der Aktien von X	180
./. Anteiliges Eigenkapital (Nettoaktiven) von X zum Fair Value	−150
= **Goodwill**	**30**

24 Veränderungen von Beteiligungsquoten

Lösung 24.01

e)
Konsolidierungsbogen Ende 20_2

Bilanzen	H Aktiven	H Passiven	X Aktiven	X Passiven	Konsolidierung Soll	Konsolidierung Haben	Konzern Aktiven	Konzern Passiven
Diverse Aktiven	1 400		420				1 820	
Beteiligung an X	170				2 ♦ 8	60 ♦ 90 ♦ 30		
Goodwill					30		30	
Fremdkapital		600		120				720
Aktienkapital		500		100	60 ♦ 40			500
Kapitalreserven		180		150	90 ♦ 60			180
Gewinnreserven		220				2		222
MAK						40 ♦ 60		100
Gewinn Bilanz		70		50	20	8		108
MAG Bilanz						20		20
	1 570	1 570	420	420	310	310	1 850	1 850

Teilaufgabe 3   **Erhöhung der Beteiligungsquote an einer Tochter**

f)
Kaufpreisdifferenz per 01. 01. 20_3

Kaufpreis für zusätzliche Tranche von 30%	100
./. Gekaufte Minderheitsanteile an X (120 : 40% • 30%)	90
= **Bezahlter Aufpreis**	10

g)
Konsolidierungsbogen Ende 20_3

Bilanzen	H Aktiven	H Passiven	X Aktiven	X Passiven	Konsolidierung Soll	Konsolidierung Haben	Konzern Aktiven	Konzern Passiven
Diverse Aktiven	1 410		470				1 880	
Beteiligung an X	270				2 ♦ 8	90 ♦ 135 ♦ 30 10 ♦ 15		
Goodwill					30		30	
Fremdkapital		620		130				750
Aktienkapital		500		100	90 ♦ 10			500
Kapitalreserven		180		150	135 ♦ 15 ♦ 10			170
Gewinnreserven		290		50	15 ♦ 5	2 ♦ 8		330
MAK						10 ♦ 15 ♦ 5		30
Gewinn Bilanz		90		40	4			126
MAG Bilanz						4		4
	1 680	1 680	470	470	324	324	1 910	1 910

Veränderungen von Beteiligungsquoten — **24** Lösung 24.01

h)
Eigenkapitalnachweis per 31.12. 20_3

	Aktienkapital	Kapital-reserven	Gewinn-reserven	Total Holding-aktionäre	Minderheiten	Total Eigenkapital
Anfangsbestand	500	180	330	1 010	120	1 130
./. Kauf 30% Minderheiten					−90	−90
./. Aufpreis für den Kauf von Minderheitsanteilen		−10		−10		−10
+ Gewinn			126	126	4	130
= Schlussbestand	500	170	456	1 126	34	1 160

24 Veränderungen von Beteiligungsquoten

24.02

Teilaufgabe 1 — **Verminderung der Beteiligungsquote von 100% auf 60%**

a)

Veräusserungsgewinn aus Sicht von H

Verkaufspreis für 40% der Aktien	47
./. Anteiliger Buchwert der verkauften 40% (100 • 40%)	–40
= Veräusserungsgewinn	7

b)

Text	Soll	Haben	Betrag
Verkauf von 40% der Beteiligung an T	Liquide Mittel	Beteiligung an T	47
	Beteiligung an T	Gewinn aus Beteiligungsverkauf	7

c)

Konsolidierungsbogen Ende 20_6

Bilanzen	H Aktiven	H Passiven	T Aktiven	T Passiven	Konsolidierung Soll	Konsolidierung Haben	Konzern Aktiven	Konzern Passiven
Diverse Aktiven	605		220				825	
Beteiligung an T	60				8	30 ◆ 18 ◆ 20		
Goodwill					20		20	
Fremdkapital		280		90				370
Aktienkapital		200		50	30 ◆ 20			200
Kapitalreserven		70		30	18 ◆ 12	8 ◆ 7		85
Gewinnreserven		80		40	16			104
MAK						20 ◆ 12 ◆ 16		48
Gewinn Bilanz		35		10	4 ◆ 7			34
MAG Bilanz						4		4
	665	665	220	220	135	135	845	845

d)

Eigenkapitalnachweis Ende 20_6

	Aktienkapital	Kapitalreserven	Gewinnreserven	Total Holdingaktionäre	Minderheiten	Total Eigenkapital
Anfangsbestand	200	70	120	390	0	390
± Verkauf 40% an T		15	– 16	– 1	48	47
+ Gewinn			34	34	4	38
= Schlussbestand	200	85	138	423	52	475

Veränderungen von Beteiligungsquoten — Lösung 24.02

Teilaufgabe 2 — **Verkauf einer Tochter (Dekonsolidierung)**

e)

Veräusserungsgewinn aus Sicht von H

Verkaufspreis der Aktien von T	155
./. Buchwert der Beteiligung	−100
= **Veräusserungsgewinn bei H**	**55**

f)

Veräusserungsgewinn aus Konzernsicht

Verkaufspreis der Aktien von T	155
./. Aktivierter Goodwill	− 20
./. Veräusserte Nettoaktiven von T (20 + 200 − 90)	−130
= **Veräusserungsgewinn Konzern**	**5**

g)

Konsolidierungsjournal per Ende 20_7

Text	Soll	Haben	Betrag
Korrektur Veräusserungsgewinn	Gewinn Bilanz	Gewinnreserven	50
	Gewinn aus Beteiligungsverkauf	Gewinn Erfolgsrechnung	50

h) Die Differenz lässt sich wie folgt erklären:
- ▷ Beim Verkauf von T wurden dem Käufer durch den Konzern erarbeitete Gewinnreserven von 50 mitgegeben.
- ▷ Diese Gewinnreserven resultieren aus zurückbehaltenen Gewinnen von T, wodurch sich der Wert von T aus Konzernsicht erhöhte. M durfte diese Wertsteigerungen in ihrem Abschluss aufgrund der Höchstbewertungsvorschriften des Obligationenrechts nicht ausweisen und realisierte diese erst bei der Veräusserung.

i) Die Veräusserung wird als Devestition von 135 (Verkaufserlös 155 ./. mitgegebene flüssige Mittel 20) ausgewiesen.

25

Push-down Accounting

25.01

a)

Bereinigungstabelle per 01. 01. 20_1

	HB 1 Aktiven	HB 1 Passiven	Bereinigung Soll	Bereinigung Haben	HB 2 Aktiven	HB 2 Passiven
Diverse Aktiven	365				365	
Warenvorrat	105				105	
Patent			100		100	
Goodwill			40		40	
Diverses Fremdkapital		110				110
Latente Steuerschulden				20		20
Aktienkapital		240	180 ◆ 60			
Gesetzliche Reserven		50	50			
Freie Reserven		70	70			
Kapitalreserven			20 ◆ 150 ◆ 50	100 ◆ 50 ◆ 70		
HAK im Erwerbszeitpunkt				180 ◆ 150 ◆ 40		370
MAK				60 ◆ 50		110
	470	470	720	720	610	610

b) Die Lösung ist auf der nächsten Seite.

c)

Konsolidierungsjournal 31. 12. 20_4

Text	Soll	Haben	Betrag
Kapitalkonsolidierung	HAK im Erwerbszeitpunkt	Beteiligung an T	370
Umsatzkonsolidierung	Warenertrag	Warenaufwand	900

Push-down Accounting 25 — Lösung 25.01

b)

Bereinigungstabelle für T per 31. 12. 20_4

	HB 1 Aktiven	HB 1 Passiven	Bereinigung Soll	Bereinigung Haben	HB 2 Aktiven	HB 2 Passiven
Diverse Aktiven	392				392	
Warenvorrat	160			30 ◆ 10	120	
Patent			100	45 ◆ 15 ◆ 15 ◆ 5	20	
Goodwill			40	24 ◆ 8	8	
Diverses Fremdkapital		140				140
Latente Steuern①			6 ◆ 2 ◆ 9 ◆ 3 ◆ 3 ◆ 1	20	4	
Aktienkapital		240	180 ◆ 60			
Gesetzliche Reserven		50	50			
Freie Reserven		94	70 ◆ 18 ◆ 6			
Kapitalreserven			20 ◆ 150 ◆ 50	100 ◆ 50 ◆ 70		
HAK im Erwerbszeitpunkt				180 ◆ 150 ◆ 40		370
Gewinnreserven②			24 ◆ 45	18 ◆ 9		42
MAK			15	60 ◆ 50 ◆ 6 ◆ 3		104
Gewinn Bilanz③		28	7 ◆ 8 ◆ 30 ◆ 15	6 ◆ 3	23	
MAG Bilanz			10 ◆ 5	7 ◆ 2 ◆ 1	5	
	552	552	927	927	614	614

Erfolgsrechnung	HB 1 Aufwand	HB 1 Ertrag	Bereinigung Soll	Bereinigung Haben	HB 2 Aufwand	HB 2 Ertrag
Warenertrag		1 600				1 600
Latenter Steuerertrag				6 ◆ 3 ◆ 2 ◆ 1		12
Warenaufwand	1 300		30 ◆ 10		1 340	
Goodwill-Abschreibung			8		8	
Abschreibung Patent			15 ◆ 5		20	
Diverser Aufwand	272				272	
Gewinn ER③	28		6 ◆ 3	7 ◆ 8 ◆ 30 ◆ 15		23
MAG ER			7 ◆ 2 ◆ 1	10 ◆ 5		5
	1 600	1 600	87	87	1 640	1 640

---

① Die latente Steuerschuld wird durch die Bereinigung zum latenten Steuerguthaben.
② Die Gewinnreserven sind aus Konzernsicht negativ, weil der Goodwill sowie das Patent abgeschrieben werden mussten.
③ Aus Konzernsicht erwirtschaftet T einen Verlust, weil der Goodwill sowie das Patent abgeschrieben und die Zunahme der Zwischengewinne auf den Vorräten eliminiert werden müssen.

26

Full Goodwill Accounting

26.01

a)

Goodwill-Berechnung

Kaufpreis für 60% der Aktien von T	600
./. Anteiliges Eigenkapital (Nettoaktiven) von T 60% von 900	– 540
= **Goodwill der Holdingaktionäre**	**60**

Bilanzbereinigung per Ende 20_4

Bilanz	HB 1 Aktiven	HB 1 Passiven	Bereinigung Soll	Bereinigung Haben	HB 2 Aktiven	HB 2 Passiven
Diverse Aktiven	1 305				1 305	
Marken			70		70	
Goodwill			60	18	42	
Fremdkapital		300				300
Aktienkapital		500	300 ♦ 200			
Gesetzliche Reserven		120	120			
Freie Reserven		275	210 ♦ 65			
Kapitalreserven			240 ♦ 160	70 ♦ 120 ♦ 210		
HAK im Erwerbszeitpunkt				300 ♦ 240 ♦ 60		600
Gewinnreserven			26	65		39
MAK				200 ♦ 160 ♦ 26		386
Gewinn Bilanz		110	44 ♦ 18			48
MAG Bilanz				44		44
	1 305	1 305	1 513	1 513	1 417	1 417

Full Goodwill Accounting — Lösung 26.01

b)
Goodwill-Berechnung

Errechneter Kaufpreis für 100% der Aktien von T (= Unternehmenswert)	$\dfrac{600 \cdot 100\%}{60\%}$	1 000
./. Nettoaktiven von T		− 900
= **Goodwill der Unternehmung (Full Goodwill)**		**100**

Bilanzbereinigung per Ende 20_4

Bilanz	HB 1 Aktiven	HB 1 Passiven	Bereinigung Soll	Bereinigung Haben	HB 2 Aktiven	HB 2 Passiven
Diverse Aktiven	1 305				1 305	
Marken			70		70	
Goodwill			60 ◆ 40	18 ◆ 12	70	
Fremdkapital		300				300
Aktienkapital		500	300 ◆ 200			
Gesetzliche Reserven		120	120			
Freie Reserven		275	210 ◆ 65			
Kapitalreserven			240 ◆ 160	70 ◆ 120 ◆ 210		
HAK im Erwerbszeitpunkt				300 ◆ 240 ◆ 60		600
Gewinnreserven			26	65		39
MAK				200 ◆ 160 ◆ 40 ◆ 26		426
Gewinn Bilanz		110	44 ◆ 18			48
MAG Bilanz			12	44		32
	1 305	1 305	1 565	1 565	1 445	1 445

c) Die wichtigsten Gründe sind:
▷ Der Wertberichtigungsbetrag bei einem allfälligen Goodwill-Impairment ist beim Full Goodwill Accounting höher und belastet das Konzernergebnis stärker.
▷ Das Eigenkapital beim Full Goodwill Accounting ist höher, weshalb die Eigenkapitalrendite tiefer ist als bei der klassischen Erwerbsmethode.

	Klassische Methode (Teilaufgabe a)	Full Goodwill Accounting (Teilaufgabe b)
Gewinn	92	80
Eigenkapital Ende Jahr	1 117	1 145
Eigenkapitalrendite	**8,24%**	**6,99%**

27

Gesamtaufgaben

27.01

a)

	20_3	20_4
Konzerninterne Lieferungen zu Verkaufspreisen von T1	240	280
Warenvorrat Ende Jahr bei E gemäss Einzelabschluss von E	120	180
Warenvorrat Ende Jahr bei E gemäss Bewertung Konzern	80	120
Nicht realisierte Zwischengewinne Ende Jahr	40	60
Holdinganteile an nicht realisierten Zwischengewinnen (80%)	32	48
Minderheitsanteile an nicht realisierten Zwischengewinnen (20%)	8	12

Konsolidierungsjournal 31. 12. 20_4 (Vorkonsolidierung T1 und E)

Text	Soll	Haben	Betrag
Kapitalkonsolidierung Beteiligung T1 an E (80%)	Aktienkapital	Beteiligung an E	80
	Kapitalreserven	Beteiligung an E	96
	Goodwill	Beteiligung an E	14
Minderheitsanteil am Eigenkapital E (20%)	Aktienkapital	MAK	20
	Kapitalreserven	MAK	24
	Gewinnreserven	MAK	6
Minderheitsanteil am Ergebnis E (20%)	Gewinn Bilanz	MAG Bilanz	8
	MAG ER	Gewinn ER	8
Umsatzkonsolidierung	Warenertrag	Warenaufwand	280
Anfangsbestand Zwischengewinn	Gewinnreserven	Warenvorrat	32
	MAK	Warenvorrat	8
Erhöhung Zwischengewinn	Gewinn Bilanz	Warenvorrat	16
	Warenaufwand	Gewinn ER	16
	MAG Bilanz	Warenvorrat	4
	Warenaufwand	MAG ER	4
Anfangsbestand latente Steuerguthaben auf nicht realisiertem Zwischengewinn	Latente Steuerguthaben	Gewinnreserven	8
	Latente Steuerguthaben	MAK	2
Erhöhung der latenten Steuerguthaben auf Zunahme des Zwischengewinns	Latente Steuerguthaben	Gewinn Bilanz	4
	Gewinn ER	Latenter Steuerertrag	4
	Latente Steuerguthaben	MAG Bilanz	1
	MAG ER	Latenter Steuerertrag	1

Gesamtaufgaben — Lösung 27.01

b)

Konsolidierungsjournal 31. 12. 20_4 (Hauptkonsolidierung)

Text	Soll	Haben	Betrag
Kapitalkonsolidierung Beteiligung H an T1 (60%)	Aktienkapital	Beteiligung an T1	60
	Kapitalreserven	Beteiligung an T1	30
	Goodwill	Beteiligung an T1	10
Minderheitsanteil am Eigenkapital T1 (40%)	Aktienkapital	MAK	40
	Kapitalreserven	MAK	20
	Gewinnreserven	MAK	28
Minderheitsanteil am Ergebnis T1 (40%)	Gewinn Bilanz	MAG Bilanz	24
	MAG ER	Gewinn ER	24
Kapitalkonsolidierung Beteiligung H an T2 (75%)	Aktienkapital	Beteiligung an T2	168
	Kapitalreserven	Beteiligung an T2	84
	Goodwill	Beteiligung an T2	28
Korrektur Goodwill①	Goodwill	Umrechnungsdifferenzen	1
	Goodwill	Umrechnungsdifferenzen	3
Minderheitsanteil am Eigenkapital T2 (25%)	Aktienkapital	MAK	56
	Kapitalreserven	MAK	28
	Gewinnreserven	MAK	6
	Umrechnungsdifferenzen②	MAK	4
Minderheitsanteil am Ergebnis T2 (25%)	Gewinn Bilanz	MAG Bilanz	7
	MAG ER	Gewinn ER	7
Elimination konzerninterne Gewinnausschüttung T1 (60%)	Gewinn Bilanz	Gewinnreserven	18
	Finanzertrag	Gewinn ER	18

① Der Goodwill muss zum Schlusskurs in die Berichtswährung umgerechnet werden:

Goodwill zum Kurs im Erwerbszeitpunkt	EUR 20 • 1.40	28
+ Kumulierte Währungsgewinne per Ende Vorjahr	EUR 20 • (1.45 – 1.40)	+ 1
= Goodwill in der Eröffnungsbilanz	EUR 20 • 1.45	29
+ Währungsgewinn laufendes Jahr	EUR 20 • (1.60 – 1.45)	+ 3
= Goodwill in der Schlussbilanz	EUR 20 • 1.60	32

② Die Minderheitsanteile sind auf dem Bestand gemäss HB 2 von 16 auszuscheiden. Sie werden von Umrechnungsdifferenzen bei der Goodwillumrechnung nicht berührt.

Gesamtaufgaben 27 — Lösung 27.01

Konsolidierungsbogen Ende 20_4

Bilanzen	H		Teilkonzern T1/E		T2		Konsolidierung		Konzern	
Diverse Aktiven	320		276		424				1 020	
Warenvorrat			160		76				236	
Beteiligung an T1	100							60 ♦ 30 ♦ 10		
Beteiligung an T2	①280							168 ♦ 84 ♦ 28		
Goodwill			14				10 ♦ 28 ♦ 1 ♦ 3		56	
Fremdkapital		149		90		61				300
Latente Steuerschulden		13		22		35				70
Aktienkapital		350		100		224	60 ♦ 40 168 ♦ 56			350
Kapitalreserven		120		50		112	30 ♦ 20 84 ♦ 28			120
Gewinnreserven		43		70		24	28 ♦ 6	18		121
Umrechnungsdifferenzen						16	4	1 ♦ 3		16
MAK				50				40 ♦ 20 ♦ 28 56 ♦ 28 6 ♦ 4		232
Gewinn Bilanz		25		60		28	24 ♦ 7 ♦ 18			64
MAG Bilanz				8				24 ♦ 7		39
	700	700	450	450	500	500	615	615	1 312	1 312

ER	H		Teilkonzern T1/E		T2		Konsolidierung		Konzern	
Warenertrag				390		410				800
Finanzertrag		40					18			22
Warenaufwand			190		220				410	
Übriger Aufwand	10		113		135				258	
Laufende Ertragssteuern	5		24		25				54	
Latenter Steueraufwand					2				2	
Latenter Steuerertrag				5						5
Gewinn ER	25		60		28			24 ♦ 7 ♦ 18	64	
MAG ER			8				24 ♦ 7		39	
	40	40	395	395	410	410	49	49	827	827

① Die Beteiligung an T2 wurde im Einzelabschluss von H zum Kurs im Erwerbszeitpunkt von CHF 1.40/EUR umgerechnet. Sie bleibt unverändert, solange keine Wertberichtigung notwendig ist.

Gesamtaufgaben

27.02

Konzern-Eigenkapitalnachweis 20_4

	Aktien-kapital	Kapital-reserven	Gewinn-reserven	Total Holding	Minder-heitsanteile	Total
Anfangsbestand	150	85	82	317	17	334
+ Aktienkapitalerhöhung	50	28		78		78
./. Dividenden			–30	–30	–3	–33
+ Gewinn			44	44	6	50
+ Änderung Konsolidierungskreis					2	2
= Schlussbestand	200	113	96	409	22	431

Konzern-Geldflussrechnung 20_4

Geldfluss aus Betriebstätigkeit		
Zahlungen von Kunden	1 990	
./. Zahlungen an Lieferanten	–1 183	
./. Zahlungen übriger operativer Aufwand	– 623	
./. Zahlungen zulasten Rückstellungen	– 3	
+ Einnahmen assoziierte Gesellschaft	1	
./. Finanzausgaben	– 10	
./. Steuerzahlungen	– 14	158
Geldfluss aus Investitionstätigkeit		
./. Käufe Sachanlagen	– 125	
+ Verkäufe Sachanlagen	15	
+ Akquisition Tochtergesellschaft T5	– 13	–123
Geldfluss aus Finanzierungstätigkeit		
+ Aktienkapitalerhöhung Holding	50	
+ Agio Aktienkapitalerhöhung	28	
./. Rückzahlung Finanzschulden	– 65	
./. Gewinnausschüttung	– 33	– 20
= **Zunahme flüssige Mittel**		15
+ Anfangsbestand flüssige Mittel		35
= Schlussbestand flüssige Mittel		50

Cashflow indirekt

Konzerngewinn	50
+ Abschreibungen Sachanlagen	102
+ Abschreibung Goodwill	15
./. Abnahme Rückstellungen	– 9
./. Zunahme Forderungen L+L	–10
+ Abnahme Warenvorrat	10
+ Zunahme Verbindlichkeiten L+L	7
./. Aufwertung assoziierte Gesellschaft	– 2
./. Abnahme aufgelaufene Zinsen	– 1
./. Abnahme latente Steuerschulden	– 2
./. Veräusserungsgewinn	– 2
= **Cashflow**	**158**